新视野·文化遗产保护论丛

文化遗产保护法制建设

单霁翔 著

天津大学出版社
TIANJIN UNIVERSITY PRESS

图书在版编目（CIP）数据

文化遗产保护法制建设 / 单霁翔著 .—天津：天津大学出版社，2017.1（2024. 5 重印）

（新视野 · 文化遗产保护论丛 . 第二辑）

ISBN 978-7-5618-5770-0

Ⅰ . ①文… Ⅱ . ①单… Ⅲ . ①文化遗产—保护—法律—研究—中国 Ⅳ . ① D922.164

中国版本图书馆 CIP 数据核字（2017）第 035430 号

策划编辑 金　磊　韩振平
责任编辑 姜　凯
装帧设计 谷英卉

出版发行 天津大学出版社
地　　址 天津市卫津路 92 号天津大学内（邮编：300072）
电　　话 发行部：022-27403647
网　　址 publish.tju.edu.cn
印　　刷 永清县晔盛亚胶印有限公司
经　　销 全国各地新华书店
开　　本 148mm × 210mm
印　　张 8.125
字　　数 234 千
版　　次 2017 年 7 月第 1 版
印　　次 2024 年 5 月第 2 次
定　　价 58.00 元

自序：

把工作当学问做 把问题当课题解

“新视野·文化遗产保护论丛”出版在即，出版社嘱我写一个自序。心怀往昔，愿以时间为轴写出自己简短的感言，希望聚焦有启迪意义的文化历程，也希望表达充满真情实感的“乡愁”。

2011年8月25日清晨接到通知，我将要离开工作近10年的国家文物局，到故宫博物院工作。消息突然，没有精神准备。记得当天上午工作日程是在中国文化遗产研究院做专题报告。一路上，10年来的工作情景在脑海中闪过，想到在走向新的岗位之前，应该对以往工作进行回顾，负责任地进行工作交接，于是到会场后便放弃了已经准备好的多媒体演示内容，改为讲述参与中国文化遗产保护的体会，将近两个小时的畅谈，仍感意犹未尽，充满着回望与寻觅的思绪。

如今看来，当年的工作状态可谓“不堪回首”。就在接到通知那天之前的一周内，还经历了“南征北战”的过程：8月18日在吉林长春为市、县政府领导培训班做文化遗产保护报告；8月20日在西藏拉萨参加中国西藏文化论坛；8月21日在四川雅安参加茶马古道保护研讨会；8月23日和24日在福建福州分别参加全国生态博物馆、涉台文物保护总体规划评审，国家水下文化遗产保护中心福建基地启动，三坊七巷社区博物馆揭牌等活动。

一周数省，这就是当年常态化的工作状况。是什么力量支撑着自己一路前行？除了文物人“敢于担当、乐于奉献”的情结外，恐怕最主要的就是“把工作当学问做、把问题当课题解”的工作方法。不断出现的问题、不断凸现的矛盾和不断涌现的挑战，将时间撕裂成一块块“碎片”，甚至一天之内要进行几次“脑筋急转弯”。如果不能针对闪过的想法及时停下来思考、面对发现的问题及时静下来反思，就会陷于疲于应付、不堪重负的境地。城乡建设大规模展开的时期，必然是文化遗产保护最紧迫、最关键的历史阶段。只有“把工作当学问做、把问题当课题解”，才能在复杂的情况下，夯实基础，居安思危，防患未然；在困难的情况下，深思熟虑，心中有数，底气十足；在紧急的情况下，头脑清醒，敢于直面，坚守底线。

“把工作当学问做、把问题当课题解”的工作方法，需要持之以恒，读书、思考、写作、归纳，早已成为每天的必修课。无论是在考察途中的汽车里，还是在往返的飞机上，抑或是在家中的书桌前，以电脑为伴，将考察的感想、调研的体会、阅读的心得及时记录下来。正是因为这一次次的梳理思绪、深化认识，长期下来，居然积攒下上千万字的记录，包括论文、报告、访谈、提案，林林总总，其中既有“一吐为快”的真实感受，也有“深思熟虑”的肺腑之言，还有“临阵磨枪”的即席表达。将它们汇集起来，既是一个时期实践经验的点滴记载，也是一个时代文化遗产事业的综合纪实，还是一个文化遗产保护工作者不息生命的心灵写作。面对这些海量且繁杂的“原生态”记录，早已萌生出按照内容进行分类归纳的愿望。所幸天津大学出版社伸出援手，以“新视野·文化遗产保护论丛”为名，按照不同内容进行分辑分册，涉及文化遗产保护基础建设、文化遗产保护项目实施和文物博物馆事业发展等诸多方面。

一路走来，吴良镛教授的学术思想始终像一座灯塔照亮我前行的方向。“把工作当学问做、把问题当课题解”，源于吴良镛教授所倡导的“融贯的综合研究”理论框架。就是力图从更广阔的视野、更深入的角度，分析和梳理文化遗产之间的内在联系，探索和建立新的文化遗产类型和相应的保护方式，使制约文化遗产事业发展的重点、难点和瓶颈问题不断得以有效解决。实践证明：文化遗产保护、城市文化建设、博物馆发展，在方法上、尺度上、内容上虽然各有不同，但是三者有着共同的研究对象，三位一体进行“融贯的综合研究”，则可以呈现出中国特色文化遗产保护的新视野。

从1984年进入城市规划部门以来已经30余载，从1994年进入文物系统以来也已经20余年，其间有不少令人难忘的回忆。有幸在职业生涯的最后一站，来到故宫博物院，一方面继续享受紧张工作带来的压力和挑战，另一方面得以将几十年来积累的体会应用于具体实践。今天，更为突出的感受是，只有“把工作当学问做、把问题当课题解”，且加强全程管理，才能使每一项工作都与细节管理挂起钩来，把桩桩件件事情都做得细之又细，才能获得持续发展的后劲。

北京时间2014年6月22日15时19分，从卡塔尔首都多哈传来喜讯，在第38届世界遗产委员会会议上，中国大运河被列入《世界遗产名录》。30分钟后，跨国联合申报的“丝绸之路：长安—天山廊道的路网”也顺利通过评审。作为大运河和丝绸之路保护与申报的参与者和见证者，我格外激动和自豪。2015年5月5日，从文化遗产保护现场又传来好消息，世界文化遗产——大足石刻千手观音造像抢救性保护修复工程竣工，看到“前方”传来修复后的美轮美奂的千手观音造像影像，我激动不已。回想2008年“5·12汶川大地震”后的第8天，我们从四川地震重灾区赶到重庆大足，看望已经800岁高龄的千手观音造像，看到早已满目疮痍的文物本体又被地震殃及，当即决定开展抢救保护工作，将其列为石窟类保护的“一号工程”，如今千手观音造像再现“慈祥的微笑”，得以功德圆满。的确，每当昔日的努力成就今日的收获，都是文化遗产保护工作者最幸福的时刻。

2006年6月10日，我们曾以无比喜悦的心情迎来了中国第一个“文化遗产日”。10年的奋争，10年的坚守，10年的耕耘，10年的收获。再过半个多月，我们又将以无限期待的心情，迎来中国第十个“文化遗产日”。谨以“新视野·文化遗产保护论丛”献给这一节日，献给长期以来用智慧和汗水呵护文化遗产的文博同人，祝愿祖国的文化遗产永葆尊严；献给长期以来用真情和热心关注文化遗产的社会民众，祝中华文化遗产事业蓬勃发展。

2015年5月25日

目录

在《中华人民共和国文物保护法》座谈会上的汇报

（2003 年 2 月 19 日）

今天，全国人大常委会教科文卫委员会和国家文物局在这里共同召开学习贯彻《中华人民共和国文物保护法》座谈会。这是一次非常重要的会议，会议的举办表明全国人大常委会对我国文化遗产保护的高度重视和支持。

2002 年 10 月 28 日，《中华人民共和国文物保护法》（以下简称《文物保护法》）修订草案经第九届全国人大常委会第三十次会议通过，国家主席江泽民签署第七十六号主席令予以公布施行。新《文物保护法》的颁布实施，为文物保护工作提供了更加充分和完备的法律保障，标志着我国文物保护法制建设的进一步完善。利用这个机会，我代表国家文物局将有关情况汇报如下。

一、经国务院批准，召开了全国文物工作会议

经国务院批准，2002 年 12 月 19 日至 21 日在北京召开了新世纪第一次全国文物工作会议。会议的主要任务是研究部署、学习宣传和贯彻落实新《文物保护法》的工作。会议期间，国务院副总理李岚清主持召开了全国电视电话会议并做了重要指示，要求各级政府和广大文物工作者本着对历史负责、对人民负责、对子孙后代负责的精神，充分认识加强文物工作的重要意义，切实做好新时期的

文物工作。李岚清副总理充分肯定了新《文物保护法》颁布实施对于做好文物工作的重要意义，指出新《文物保护法》总结了1982年《文物保护法》公布实施以来文物工作的实践经验，对市场经济条件下文物的保护、利用和管理等问题，对当前文物工作的热点、难点问题作出了正确的回答。各级政府和文物行政部门要严格按照《文物保护法》的有关规定，全面、完整、准确地理解“保护为主，抢救第一、合理利用、加强管理”的文物工作方针，做好文物保护的基础性工作。要注重基本建设中的文物保护，健全完善文物管理体制和运行机制，采用现代科学技术手段加强文物保护，依法打击各种文物犯罪活动。文化部部长孙家正也发表了重要讲话。利用这次大会，国家文物局全面回顾和总结了1995年以来我国文物工作取得的成就和经验，深入贯彻执行《文物保护法》和为把我国建设成为世界文物保护强国而奋斗的新世纪头十年的基本工作思路。

二、认真组织文物博物馆系统干部职工学习《文物保护法》

文物博物馆系统学好、用好《文物保护法》，是关系到文物保护工作能否健康发展，能否向社会宣传和贯彻好《文物保护法》的关键。2002年11月6日，文化部和国家文物局联合发出了《关于做好〈中华人民共和国文物保护法〉宣传贯彻工作的通知》，要求各地文化、文物行政部门充分认识贯彻落实《文物保护法》的重要意义，认真做好有关《文物保护法》的学习、宣传工作。国家文物局在《文物保护法》公布的一个星期内，印发了《文物保护法》的单行本，并组织召开了多种形式的学习贯彻落实《文物保护法》座谈会。例如2002年11月1日，国家文物局邀请在京部分文物博物馆专家座谈《文物保护法》公布实施的重要意义，听取了专家们对做好《文物保护法》贯彻落实工作的意见和建议；11月6日，组织国家文物局机关和直属事业单位领导干部学习《文物保护法》，畅谈心得体会；11月8日和22日，又分别召开了各省区市文物局局长和在京专家座谈会，结合基层文物工作的实际情况，座谈《文物保护法》颁布实施的重要意义和下一步的贯彻落实工作；11月21日，李岚清副总理召集部分在京文物博物馆专家座谈如何深入学习和贯彻落实新《文物保护法》，参加上述座谈会的各方面代表一致认为，《文物保护法》公布实施是国家加强文物保护管理工作的重大举措，必将对文物事业的繁荣和发展产生积极而深远的影响。两个多月来，国家文物局先后在黑龙江、湖北、新疆、宁夏、青海、甘肃、吉林、辽宁、重庆等地召开了学习《文物保护法》座谈会。全国各省、自治区、直辖市文物行政部门也分别举办了各种形式的活动，深入学习和贯彻落实《文物保护法》。

圣索非亚教堂

三、配合国务院法制办、文化部，进行了《文物保护法实施条例》修订草案的起草工作

为了更好地贯彻实施《文物保护法》，落实李岚清副总理关于尽快制定《文物保护法实施条例》的有关指示，进一步推动文物保护事业的发展，国家文物局配合国务院法制办、文化部，进行了《文物保护法实施条例》修订草案的起草工作。考虑到《文物保护法》的部分规定已经比较具体和明确，《文物保护法实施条例》修订草案根据《文物保护法》部分条款规定的具体范围，就政府及有关部门的管理职责，对相应事项作出进一步具体的规定。同时，关于《文物保护法》配套法规的建设工作也已经列入国家文物局的立法规划之中。

四、充分发挥媒体作用，大力向社会向公众普及《文物保护法》

在大力开展学习、宣传《文物保护法》的过程中，国家文物局注意发挥宣传媒体的重要作用。新法公布后，国家文物局立即举行了《文物保护法》新闻通气会，向在京的30余家新闻媒体介绍了《文物保护法》修订的有关情况，就媒体所关注的一些问题进行了解答，并接受了新华社、中央电视台、中央人民广播电台以及《人民日报》、《光明日报》等媒体记者的采访。2002年10月31日，《人民日报》全文刊登了《文物保护法》，并配发了评论员文章；11月16日，《中国文物报》以16版的篇幅编辑出版“文物保护法特刊”。到目前为止，已有众多媒体以新闻报道、评论员文章、记者访谈等多种形式，宣传报道了《文物保护法》的有关情况。

新《文物保护法》的学习、宣传、贯彻是一项长期任务，也是今后一个时期常抓不懈的重要工作。在近期围绕《文物保护法》的宣传贯彻方面，我们计划着力抓好以下几件事。

（1）更加深入地开展《文物保护法》的学习宣传活动。要求各级文物行政管理部门把组织宣传、学习、贯彻新《文物保护法》作为今后一段时期内的工作重点，进一步建立文物法制宣传教育工作责任制，明确职责，落实到人，做到有部署、有检查，把工作落到实处。另外，还要积极争取各地人大和政府的支持，将其纳入政府法制宣传教育规划。要继续充分发挥大众传播媒介在法制宣传教育中的重要作用，通过举办图片展览、开展法律知识咨询、组织法律知识竞赛等多种形式的活动，通过扎扎实实地学习和宣传，使广大民众能够了解《文物保护法》的基本精神，各级领导干部熟悉《文物保护法》的原则要求，各级文物部门的同志能够掌握《文物保护法》的内容和各项规定。做到在学习、贯彻《文物保护法》的过程中，各级文物行政部门进一步明确岗位职责，正确履行法律赋予的权利与责任，真正做到有法可依、有法必依、执法必严、违法必究，保证文物工作健康有序发展。

（2）抓紧做好修订和完善现行的各项文物保护法规规章工作，构建完整的文物保护法规体系。我们计划抓住新法公布这一有利时机，陆续开展一系列条例、办法、规定和标准等部门规章和法规性文件的起草和制定工作，以法律来规范和加强文物工作，从更为宏观的角度进行指导和协调。同时，及时组织力量根据新《文物保护法》所确立的原则和制度对现有的相关规章进行一次集中清理。以《文物保护法实施条例》的修订为核心，重点抓好与《文物保护法》相配套的有关法律法规的补充和完善，要根据现实与需要确定轻重缓急，分步实施，分期完成。加快《博物馆管理条例》《长城保护管理条例》《文物保护单位管理办法》《文物保护工程施工资质管理办法》等行政规章和部门行政规章的起草工作，力争短期内颁布实施。积极开展《世界遗产保护管理条例》《博物馆登记管理办法》《文物修复管理办法》《文物经营管理办法》等规章制定的前期调研和准备工作。重点做好《考古调查、勘探、发掘经费定额预算管理办法》《水下文物保护管理条例》《中华人民共和国考古涉外工作管理办法》等既有法规的修订工作。各地文物行政部门也要适时组织力量，对本地区制定的相关法律规范进行一次清理检查，及时向当地人大和政府进行汇报，根据新《文物保护法》所确立的原则和制度，结合本地实际情况，对现行各类地方行政法律规范作出修订和完善。

（3）要求各地文物行政部门对照《文物保护法》的各项规定，对本地区的文物工作进行一次系统检查，对不符合法律规范的各种行为必须及时纠正。修订后的《文物保护法》由原来的33条扩展为80条，在适用性、可操作性等方面都较原法更为明确，在更大范围内规范了文物保护的各种行为，各地文物部门要根据当地文物工作实际，逐条对照检查，及时将工作纳入法制的轨道。针对一些地方违反《文物保护法》的有关规定，擅自将文物保护单位交由企业开发经营，文物工作的正常秩序被扰乱，文物安全得不到有效保障，国家文物局发出了《关于请立即纠正擅自改变文物保护单位管理体制问题的通知》，要求各地认真贯彻“保护为主、抢救第一、合理利用、加强管理”的文物工作方针，采取有效措施，对本行政区域内文物保护单位的管理体制情况进行调查了解，凡涉及拍卖、租赁、转让、抵押文物保护单位，违法改变管理体制的，必须责令限期改正。前不久，作为世界遗产地的省级文物保护单位武当山遇真宫失火一事，进一步揭示出改变文物管理体制的弊端，国家文物局在事发后立即派出了检查组赴事故发生地进行情况调查，并向全国发出了《关于进一步加强文物安全工作的通知》和《关于检查世界文化遗产地保护管理工作的通知》，近期国家文物局正在对全国世界文化遗产地的文物保护和管理情况作进一步深入细致的检查，防患于未然。

（4）进一步做好文物保护“五纳入”工作。修订后的《文物保护法》将一个时期以来工作实践中行之有效的“五纳入”上升为法律规范，使我们做好“五纳入”工作有了法律保障。《文物保护法》强调：“国家发展文物保护事业。县级以上人民政府应当将文物保护事业纳入本级国民经济和社会发展规划，所需经费列入本级财政预算。”“国家用于文物保护的财政拨款随着财政收入增长而增加。”“各级人民政府制定城乡建设规划，应当根据文物保护的需要，事先由城乡建设规划部门会同文物行政部门商定对本行政区域内各级文物保护单位的保护措施，并纳入规划。”《文物保护法》第一次把省、自治区、直辖市政府文物行政部门和县级政府文物行政部门写入法律。应当说，《文物保护法》将“五纳入”工作的各个方面都予以明确，必将极大地促进这项工作的深入进行。在进一步征求了各地和国务院有关部门的意见后，国家文物局拟与国家计委、财政部、中编办、文化部、建设部、国家税务总局等部门联合发布《关于进一步做好文物保护“五纳入”的通知》。国家文物局还考虑制定《文物保护“五纳入”工作规范》，将“五纳入”的各项工作指标定性定量，使地方政府在工作实践中有所遵循，更具可操作性。同时，各地在“五纳入”的工作实践中取得了许多好的经验，涌现了不少好的典型，我们将采取一定形式对“五纳入”工作先进地方或者个人进行表彰。

（5）依法加强各项基础工作。继续完成全国文物博物馆单位基本情况普查，尽快摸清我国现有可移动和不可移动文物现状。根据《文物保护法》的有关规定，尽快完成1 269处全国重点文物保护单位的“四有”工作和63 000件国家一级文物藏品档案的建立工作。加强文物博物馆队伍建设，选拔任用优秀的中青年业务骨干和学术带头人到关键的工作岗位，同时加强人才的培养，逐步实施资质认证、执证上岗的管理方式，建立一支思想好、作风硬、业务精、管理强的高素质人才队伍。

关于制定和完善有关社会捐赠和赞助文化遗产保护的政策的提案[①]

（2003年3月）

当前，我国文化遗产保护事业迅速发展，但是就总体状况来说，仍然与我们文明古国、文物大国的地位不相适应，与我们面临的文化遗产保护、管理、利用的繁重任务不相适应，与人民群众日益增长的物质和精神文化需要不相适应。其中，文物事业经费短缺是重要原因之一，一方面，国家用于文化遗产事业的经费与实际需要仍有很大差距；另一方面，由于缺乏足够的政策措施，难以有效促进社会力量的积极参与和有力支持。

改革开放以来，国家先后出台了一系列文化经济政策，如《国务院关于进一步完善文化经济政策的若干规定》（国发〔1996〕37号）、《国务院关于支持文化事业发展若干经济政策的通知》（国发〔2000〕41号）等，对促进精神文化产品生产和文化设施建设，改善文化单位的物质条件，发挥了积极作用。1999年6月全国人大常委会审议通过后颁布的《中华人民共和国公益事业捐赠法》对公益性捐赠作出了有关规定。博物馆、纪念馆、文物保护单位等文物、博物馆机构接受社会捐赠，虽被前述国发〔2000〕41号文件确定为

① 此文为在全国政协十届一次会议上的提案，联名提案人：姚珠珠　龙瑞　李延声　李羚　罗天婵　赵青　莫德格玛　吴江　王铁成　袁熙坤　张文彬　夏燕月　安家瑶　樊锦诗　苏士澍　周天游　陈漱渝　盖山林　鲍国安　王馥荔　白淑湘　李双江　叶惠贤　董良翚　吴雁泽　李谷一　徐庆平　赵喜明　谭利华　胡芝风　阿拉泰　张贤亮　王兴东　盛中国　张平　李致忠　王铁城　赵汝蘅　陈燮阳　冯小宁　克里木

公益性捐赠，但目前捐赠者可以享受的税收优惠却很少：一是对个人捐赠的减免比例偏低，捐赠额未超过纳税人申报的应纳税所得额30%的部分，这一优惠幅度与不少国家同等情况50%以上的最高限额相比，显然小了许多；二是对企业捐赠的减免比例更低，只扣除在年度应纳税所得额3%以内的部分，基本上不能给企业带来多少税收减免，相反企业还要对限额以外的捐赠支付相应的税费，势必影响到企业捐赠的积极性。与此同时，国家对享受全额扣除的非营利组织采取了严格控制、个案对待的办法，目前内资企业只有向12家非营利机构的社会公益事业捐赠，才允许在税前的应纳税所得额中全额扣除，而12家非营利机构中没有包含1家文物、博物馆单位。正是由于上述宏观政策的不合理性，导致了企业、个人对文物、博物馆单位的捐赠寥寥无几，也是目前我国文物、博物馆类非营利机构募捐水平低下、动员社会资源能力弱化的症结所在。

一份慈善公益组织的调查显示，国内工商注册登记的企业超过1 000万家，有过捐赠记录的不足10万家，即99%的企业从未参与过捐赠；我国人均慈善公益方面的捐助1998年只有1美元，2000年不足1元人民币。在1998年我国非营利组织的总收入结构中，政府资助占53.55%，会费收入占21.18%，经营收入占6%，企业提供的赞助和项目经费占5.63%，其他收入低于5%。但在美国非营利组织1997年度总收入中，会费及服务收入占38%，政府资助占31%，社会捐赠占20%，其他收入占11%。可见我国非营利组织在社会捐助方面的收入比例太低。

上述情况说明，我国非营利机构所处的宏观经济政策环境以及呈现的生存、发展状态，远不适应社会主义市场经济体制的要求。各级各类文物、博物馆单位作为非营利机构的重要组成部分，作为文化遗产保护的专门机构，迫切呼唤国家宏观政策及立法部门会同财税部门切实按照《中共中央国务院关于深化文化体制改革的意见》《国务院关于加强文化遗产保护的通知》等文件精神，针对文化类非营利机构的经济政策尽早作出调整和改善，使文物、博物馆机构得到切实到位的政策支持，由政府和社会各方面共同关注其健康发展。若能如此，将不仅有效促进文化遗产保护、管理、利用水平的提高，同时有助于刹住一些文物开放单位不顾公众承受能力而跟风抬高门票价格的做法，也将有利于建立文物、博物馆单位对未成年人等特殊群体免费、优惠开放的长效保障机制。具体建议如下。

（1）研究修订《中华人民共和国公益事业捐赠法》有关部分，将法规性文件中关于对文化事业公益性捐赠的减免税规定上升为法律或行政法规的具体条款。

（2）请财政部、国家税务总局、海关总署研究放宽对用于公益文化事业捐赠的所得税优惠幅度，制定鼓励和引导社会资金投入文化遗产保护事业的更加切实、到位的减免税政策。譬如，允许企业以税前所得支持文物、博物馆机构的发展，捐赠部分不纳入税前所得，或者纳税人通过我国境内非营利性的社会团体、国家机关向文物、博物馆机构的捐赠，准予在企业所得税和个人所得税前全额扣除。在即将开征的遗产继承税中，向文物、博物馆机构捐赠文物者，其所捐赠文物不计入遗产继承所得，并可抵免相应金额的遗产继承税。文物、博物馆机构从境外抢救性收购文物或接受境外捐赠文物、物资、款项，入关时免征关税、进口环节的增值税和消费税等。

在《文物保护法实施条例》座谈会上的讲话

（2003年7月2日）

今天是7月2日，也是《文物保护法实施条例》正式施行的第二天。十分感谢全国人大法工委、全国人大教科文卫委、国务院法制办、文化部政法司的有关负责同志以及文物博物馆界的老同志、老专家，还有在座的媒体记者能够参加我们的座谈会。去年10月新修订的《文物保护法》公布实施之后，在不到一年的时间里，在国务院的领导下，文物工作取得了一些进展。去年12月，经国务院同意，召开了全国文物工作会议。2003年5月13日，《文物保护法实施条例》经国务院第八次常委会议通过，温家宝总理于5月18日签发国务院令予以公布。实施条例从起草到公布，前后仅仅用了7个月的时间。这是与国务院领导同志、国务院法制办和文化部领导的亲切关怀以及对此项工作的精心组织和辛勤工作分不开的。特别是今年5月中旬正处于全国抗击“非典”的关键时期，国务院常务会议及时审议实施条例，充分体现了对文物工作的高度重视，为此也坚定了我们做好文物工作的决心。

在《文物保护法》公布实施以后，国家文物局即进行了工作部署。一方面，通过媒体加大有关文物保护法律法规的宣传，组织文物博物馆工作者深入学习《文物保护法》和《文物保护法实施条例》。国家文物局先后在十几个省、自治区、直辖市召开了有各地文物博物馆单位和文物专家参加的深入学习《文物保护法》座谈会。近期由国家文物局主办，开展了全国《文物保护法》知识大赛活动，以大赛扩大普法宣传，检验普法成果。另一方面，集中力量开展文物行政法规的清理和《文物保护法》及实施条例配套法规的完善和修订工作。下面我汇报一下国家文物局近期就法规体系建设所作的一些工作和下一步的工作打算。

（1）发布《关于进一步做好文物保护“五纳入”的通知》。《文物保护法》专门对文物保护“五纳入”工作做了规定，将一个时期以来工作实践中行之有效的“五纳入”上升为法律规范。为了进一步做好此项工作，6月2日，国家文物局、中编办、国家发展改革委、财政部、建设部、国家税务总局联合发出了《关于进一步做好文物保护“五纳入”的通知》。《通知》在全面总结“五纳入”工作开展五年来情况的基础上，客观分析“五纳入”工作中取得的成绩和存在的问题，提出进一步做好文物保护“五纳入”工作的具体要求和措施。

（2）发布《关于进一步加强长城保护管理工作的通知》。为了加强长城保护管理工作，有效保护长城这一优秀的民族文化遗产，规范对长城的保护和利用行为，经国务院同意，4月16日，文化部、国家文物局、公安部、国土资源部、建设部、国家环境保护总局、国家旅游局向长城沿线各省、自治区、直辖市政府联合下发了《关于进一步加强长城保护管理工作的通知》，要求各级政府根据《文物保护法》的要求，理顺长城保护管理体制，加强基础工作，正确处理长城保护和管理的关系，加强对长城保护维修工程的管理，坚决惩处一切破坏长城的违法犯罪活动。

（3）制定并发布《全国重点文物保护单位记录档案备案工作

实施方案》。《文物保护法》明确指出文物保护单位要建立“四有”制度，实施条例又对此作出了具体规定。4月，国家文物局制定了《全国重点文物保护单位记录档案备案工作实施方案》，对全国重点文物保护单位记录档案备案工作的依据、现状和意义以及全国重点文物保护单位记录档案工作的主要内容和总体目标、组织实施和备案工作实施步骤进行了具体规定。

（4）发布《文物保护工程管理办法》。根据《文物保护法》规定，文物保护单位的修缮、迁移、重建，由取得文物保护工程资质证书的单位承担。《文物保护工程管理办法》规定了取得文物保护工程资质证书的条件。为了进一步规范文物保护工程，4月1日，文化部发布了《文物保护工程管理办法》，自5月1日起施行。作为部门行政规章的《文物保护工程管理办法》，明确了文物保护工程的内容和分类，对保护工程的勘察、设计、施工、监理与验收等各个工作环节的管理提出了明确要求。规定了“承担文物保护工程的勘察、设计、施工、监理单位必须具有国家文物局认定的文物保护工程资质”。这一办法出台，有利于文物保护工程队伍建设，有利于提高文物保护工程管理水平。

（5）制定并发布《文物保护工程管理办法》的配套规章《文物保护工程勘察设计资质管理办法》和《文物保护工程施工资质管理办法（试行）》。这两个办法于6月发布，对文物保护工程勘察设计和施工单位资质管理的依据、目的、标准、程序、奖惩等方面均作出了明确具体的说明和规定，具有很强的针对性和可操作性，是实现文物保护工程资质依法管理的基本规章。

（6）发布《近现代文物征集参考范围》和《近现代一级文物藏品鉴定标准（试行）》。为进一步加强近现代文物征集、保护基础工作，国家文物局根据《文物保护法》《文物藏品定级标准》等法规，结合 1993—1999 年开展全国近现代一级文物鉴定确认工作中积累的经验，5 月下发了《近现代文物征集参考范围》和《近现代一级文物藏品鉴定标准（试行）》。

（7）开展了对世界文化遗产地保护情况的大检查。针对近年来一些世界文化遗产地内的各级文物保护单位的保护措施和管理制度没有得到有效的贯彻落实，导致一些文物不同程度地受到破坏，国家文物局在年初组成了由负责同志分别带队的 5 个工作组，赴 21 处世界文化遗产地了解情况，对当前世界文化遗产地保护工作存在的主要问题进行了检查，并由文化部向国务院报送了《关于对我国世界遗产地保护工作检查情况的报告》，提出了一些遗产地在管理体制、文物的监测与行政执法和有关文物安全防范等方面存在的问题。

长城嘉峪关第一墩

（8）加强与国务院有关部门的联系和沟通，共同加强文物保护工作。如：与国土资源部共同起草了《关于加强古生物化石保护的报告》，经双方议定，古猿、古人类化石及其与人类活动有关的第四纪古脊椎化石的保护、管理改由国家文物局负责，其他古生物化石的保护、管理仍由国土资源部负责，同时明确双方共同加大保护力度，国务院领导批示同意了这一报告；与水利部共同制定了《关于在南水北调工程中加强文物保护工作的通知》，要求南水北调工程沿线各省、市文物行政部门组织开展文物资源调查，研究制定保护方案，所需经费纳入工程预算；与建设部协商共同发布《关于公布全国历史文化名镇（名村）的通知》，以推动历史文化村镇保护工作；与财政部共同制定了《文物调查及数据库管理系统建设项目方案》；与农业部共同发布了《关于在农业生产建设中做好文物保护工作的通知》。

下一阶段，我们将主要完成以下工作任务。

（1）更加深入开展《文物保护法》的学习宣传活动。要求各级文物行政部门把《文物保护法》及其《实施条例》的贯彻实施当做常抓不懈的重要工作来做，真正履行法律所赋予的权利与责任。同时，积极争取各地人大和政府的支持，充分发挥大众媒体在法制宣传教育工作中的重要作用。下半年，将由全国人大、国务院法制办和国家文物局的有关人员以及有关专家学者组成《文物保护法》宣讲团，根据实际需要到各地巡回宣讲《文物保护法》及其《实施条例》。在中国文博网上建立文物保护法律法规数据库和在线文物保护法规宣传系统。

（2）对《文物保护法》明确规定需要制定具体管理办法的，及时出台相关的行政规章。配合国务院法制办起草《国有文物收藏单位不再收藏的文物的处置办法》以及《长城保护管理条例》等行政法规。按照《国家文物局2003年重点工作计划》安排，今年下半年将陆续完成《文物保护单位管理办法》《水下文物保护管理条例（修订）》《田野考古奖励办法（修订）》等行政法规和有关规章，如《文物保护“五纳入”工作规范》《全国重点文物保护单位记录档案管理办法》《国有馆藏文物一级品建档工作管理办法》等。对与现行《文物保护法》不相协调的行政规章，进行调整和修改。对实际工作中迫切需要通过行政规章进行调整的，起草制定。近期将通过文化部公布《文物拍卖管理办法》《文物鉴定管理办法》等部门规章。同时，指导和督促地方文物行政部门对本地区的相关法规进行清理检查以及修订和完善。我们的目标是初步形成体系严谨统一、结构合理规范、符合文物工作实际，并具有一定前瞻性、科学性、实用性的文物保护法规体系。

（3）深入扎实做好各项文物保护基础工作。抓紧完成全国重点文物保护单位“四有”档案备案工作，启动实施国有馆藏一级文物建立档案和编制总目录工作，加强文物安全保卫工作和文物博物馆人才培养，进一步扩大文物工作的国际合作与交流，提高我国文物工作在国际上的影响力和地位。

（4）继续开展世界文化遗产地保护工作的调查研究工作。对于国家文物局报送的《关于对我国世界遗产地保护工作检查情况的报告》，国务院领导同志非常重视，要求在充分调研的基础上形成一个文件，提出加强对我国世界文化遗产地保护工作的政策措施。按照国务院领导同志的批示，国家文物局将配合国务院研究室在现有工作基础上，抓紧开展深入的调查研究工作，提出加强世界文化遗产地保护工作的政策措施和解决问题的具体意见。

在"全国《文物保护法》知识大赛"颁奖会上的讲话

（2003年8月29日）

由国家文物局主办、中国文物报社承办的"全国《文物保护法》知识大赛"活动现在结束了。这次大赛活动自今年6月正式开始，得到了全国文物博物馆界和社会广大读者的热烈响应，总计回收答卷近3万份，范围极其广泛，各级政府和文物行政部门积极组织，众多的文物博物馆单位、文物博物馆工作者和各界读者积极参与大赛答题。100道试题全部经权威专家审定，内容涵盖新修订的《文物保护法》和《文物保护法实施条例》的方方面面。所以，此次大赛是为更好地学习、宣传、贯彻《文物保护法》及其《实施条例》，向文物博物馆界和全社会宣传普及文物法律知识的一次有益的活动。

《文物保护法》是文物工作的根本大法，是文物工作统一认识的基本依据，是规范政府、社会团体和公民行为的法律准绳。各地要进一步加强宣传《文物保护法》及其《实施条例》的力度，不断深入开展《文物保护法》学习宣传活动，大力提倡和树立"保护文物、人人有责"的思想观念，营造人人爱护祖国文物、人人关心文物保护的良好社会氛围，使保护文物成为全社会的道德规范和法律准绳，成为每个公民的精神素质。文物行政部门要有针对性地把这项工作的重要性向当地政府领导进行汇报，取得支持，使《文物保护法》及其《实施条例》的宣传教育取得良好成效。此次由国家文物局主办、中国文物报社承办的“全国《文物保护法》知识大赛”活动就是一次更加深入学习、宣传、贯彻《文物保护法》的良机。此次大赛活动中，各省、自治区、直辖市和计划单列市的文物行政部门高度重视，积极组织本地本部门参赛，达到了让广大民众能够了解《文物保护法》的基本精神，各级领导干部能够熟悉《文物保护法》的原则要求，各级文物博物馆工作的同志能够掌握《文物保护法》的内容和各项规定的目的。今天我们将要颁发组织奖的单位就是这次活动之中的突出代表。

知识大赛虽然结束了，但《文物保护法》的宣传贯彻工作应该说还只是刚刚开了个头，这将会是我们今后一个很长历史时期的重要任务和工作。全面学习贯彻落实《文物保护法》及其《实施条例》，要求我们深入贯彻落实“保护为主、抢救第一、合理利用、加强管理”的文物工作方针。各地文物行政部门要全面、完整、准确地理解和执行文物工作方针，把思想统一到文物工作方针上来。

在新修订的《文物保护法》实施一周年座谈会上的讲话

（2003年10月28日）

一年前的今天，通过各有关方面6年的艰苦努力，第九届全国人大常委会第三十次会议审议通过了修订后的《中华人民共和国文物保护法》。新修订的《文物保护法》立足于分析研究市场经济条件下文物工作出现的新情况、新问题，着重解决影响和制约文物事业发展的主要矛盾，探索文物工作新体制、新思路和新举措，进一步调整全社会关于保护文化遗产的各种关系，规范文物管理的各种行为，建立了全新的文物保护制度，明确了文物管理部门的行政主体地位，强化了文物行政执法的责任和权限，为新时期做好文物保护工作提供了有力的法律保障。一年来，全国广大文物工作者以深入学习、大力宣传、努力贯彻、坚决落实《文物保护法》作为首要工作，推动了文物保护事业的全面发展。借此机会，我将有关情况向各位领导和各位专家做一简要的汇报。

一、深入开展《文物保护法》学习宣传工作，提高全民文物保护意识

在去年12月召开的全国文物工作会议和全国文物局长会议上，学习宣传和贯彻执行《文物保护法》是最主要的会议内容。今年开始，各地陆续召开了省一级文物工作会议，对学习宣传和贯彻执行

《文物保护法》进行了广泛的动员和部署，取得了良好的效果。全国各级文物行政部门，面向社会，面向各级政府工作部门，坚持深度与广度结合，对内和对外结合，分散与集中结合，经常与定期结合，一般与重点结合，通过召开座谈会和讲座、印发宣传资料等方式进行《文物保护法》的宣传，各个新闻单位也给予了大力支持。《中国文物报》还成功地举办了全国范围内的《文物保护法》知识竞赛，社会反响很大。今年第四季度，我们还将举办“中国文物保护标志征集大赛”和“全国文物保护先进县评选表彰大会”等活动，并以“《文物保护法》巡讲团”的形式，到各地去进行法律知识的宣传、培训工作。我们希望通过艰苦的努力，使广大民众基本了解《文物保护法》，使各级领导熟悉文物工作的方针政策和文物工作“五纳入”的具体要求，使广大文物工作者精通《文物保护法》。在学习宣传《文物保护法》的热潮中，各地出现了许多令人振奋的事迹，比如今年年初，陕西眉县几位农民发现了窖藏的珍贵青铜器，没有私分藏匿，而是主动报告给政府，避免了这批珍贵文物遭受损失。在生产建设和城市改造过程中，各级政府日益重视对文物的保护工作，主动协调各有关部门和单位，积极维护文物的安全和完整，城乡居民人人爱护祖国文物的自觉性空前提高，社会公众的文物保护意识有了显著增强。

二、努力推进与《文物保护法》配套的法规体系建设

要进一步贯彻执行《文物保护法》的原则和各项具体规定，就需要加强文物保护法规体系的建设，使文物工作的各个方面都有法可依、有章可循。国家文物局高度重视文物保护法制建设的后续工作。在“非典”肆虐的日子里，我们积极配合国务院法制办抓紧进

行修订《文物保护法实施条例》的工作。5 月 13 日，温家宝总理主持召开国务院第八次常委会议，审议通过了该条例。我国的文物保护法制建设工作又向前迈进了一大步。今年上半年，我们还注意加强了部门规章和其他有关规章制度的建设工作，已经出台了一批相关规定。比如，制定颁发了《文物保护工程管理办法》及其配套的有关规定，及时地在制度上落实了《文物保护法》的规定和要求，为文物保护工程的科学管理和依法管理奠定了重要基础。再比如，为了规范文物拍卖行为，保障文物流通领域的合法有序，我们依据法律的规定，制定了《文物拍卖管理暂行规定》，在资质认定、许可证管理、标的审核等方面做了具体明确的规范。下半年，我们还有一批规范性文件，如《文物保护单位保护规划编制办法》《长城保护管理条例》《水下文物保护管理条例》《田野考古奖励办法》《文物保护单位管理办法》《可移动文物鉴定管理办法》《文物复仿制品管理办法》《文物外事管理办法》《文物信息管理办法》等，在积极制定和修改。

三、加强执法队伍建设，自觉履行法律赋予的职责，推进行政执法工作

新修订的《文物保护法》赋予了文物行政部门多项行政执法职责。全国文物工作会议要求，各级文物行政部门应认真贯彻落实《文物保护法》的有关规定，在县级以上文物行政部门建立文物行政执法机构，暂不具备条件的要设立专职的文物行政执法人员，承担起《文物保护法》赋予文物行政部门的执法责任。为了更好地履行《文物保护法》赋予的各项职责，国家文物局在上半年进行的内设机构、职能配置的调整中，将原安全保卫处调整为执法督察处，明确了指导、

督察文物行政执法工作的职责，并向各地发布了《关于进一步加强文物行政执法工作的通知》，对文物行政执法工作中的强化机构建设、加大执法力度、落实执法责任制、规范执法程序、建立健全执法监督机制等提出明确要求。执法督察处成立后，受理了一批文物违法事件，对河南省政府机构建设家属楼服务设施破坏郑州商城遗址、新疆昌吉回族自治州建设公路破坏北庭故城遗址、河北邢台拟将省级文物保护单位开元寺辟为宗教活动场所等违法事件进行了调查处理。

截至目前，已有北京、河北、河南、山西、甘肃、新疆、陕西等 11 个地区成立了文物行政执法机构，依法承担行政执法的职责和任务，对擅自在文物保护单位的保护范围内非法进行建设工程或者爆破、钻探、挖掘等作业，擅自修缮、迁移、拆除不可移动文物，擅自改变国有文物保护单位的用途等各类违法行为进行监督、检查和处罚。为了进一步推动省级文物行政执法专职机构建设，提高执法效率和快速反应能力，国家文物局将陆续为省级文物行政部门已建立的行政执法机构配备行政执法督察专用车辆。同时，加强对文物行政执法人员的培训工作，应基本做到人员持证上岗，办事有法可依。各级文物行政执法部门也建立了相应的执法责任制，制定规章制度，明确岗位责任，做到文物违法事件早发现、早制止、早处理。

四、依靠《文物保护法》，全面夯实文物保护基础工作

为了推动落实《文物保护法》关于“国家发展文物保护事业，县级以上人民政府应当将文物保护事业纳入本级国民经济和社会发展规划，所需经费列入本级财政预算”的规定，今年 6 月初国家文

物局联合中央编办、国家发改委、财政部、建设部、文化部、国家税务总局等六部委，下发了《关于进一步做好文物保护“五纳入”的通知》，对如何做好文物保护“五纳入”工作提出了明确要求，将各级政府保护文物的责任进一步具体化。抓紧全国重点文物保护单位“四有”工作中的建档工作，是《文物保护法》规定的重要工作任务，必须认真完成。今年3月，我们成立了全国重点文物保护单位记录档案备案工作领导小组。在抓组织落实的同时，我们发布了《全国重点文物保护单位记录档案备案工作实施方案》，督促各地按《全国重点文物保护单位“四有”工作规范》的规定，报送全国重点文物保护单位的记录档案。为了把这项重要的基础工作尽可能做好，我们还组织编制了《全国重点文物保护单位记录档案标准文本》和《著录说明》，同时研发有关的数据库软件。目前，此项工作进展情况比较顺利。

实施国有馆藏一级文物建档和总目编制工作，也是法律规定的重要基础工作。我们首先抓国家和地方两级的组织落实、工作方案落实和工作经费落实，预计这项工作在今年会有一个阶段性的成果。全国重点文物保护单位和馆藏一级品的档案建设工作，实际也是对长期以来许多基础工作和理论研究工作开展情况的检验。我们争取尽可能地使目前的档案建设工作能够适应将来社会发展的需要，适应国际合作的需要。

在抓基础工作的同时，我们也时刻不放松在当前经济建设和城乡建设高速发展的情况下确保文物的安全。国家文物局积极主动地上门与国务院三峡工程建设委员会办公室、国家建设部、国土资源部、水利部、公安部、海关总署、农业部等部门协商，解决在相关生产建设活动中保护文物的工作问题，通过联合发文的形式，进一步加强了在三峡水库建设、南水北调工程、西气东输工程中的文物保护工作。

遇真宫

今年上半年，全国文物安全形势有喜有忧，馆藏、寺庙文物被盗案件比去年同期下降 67%，但古墓葬被盗案件上升 63%，火灾事故次数虽然与去年同期持平，但是烧毁文物古建筑级别较高，损毁程度严重且影响大。对此国家文物局认真贯彻落实国务院安全生产会议及国务院办公厅关于加强安全生产有关文件精神，结合文物系统实际情况，有针对性地提出加强文物安全工作的措施和意见。特别是认真汲取湖北省武当山遇真宫火灾教训，加强了世界文化遗产地安全检查。1 月 19 日，湖北省武当山遇真宫发生火灾后，国家文物局对武当山遇真宫火灾进行了调查，代文化部起草上报国务院《关于湖北省武当山遇真宫发生火灾情况的报告》。对北京、河北、安徽、山东、山西、西藏、四川等12个省市21处世界文化遗产地进行了安全检查和管理体制的调研，并通过文化部向国务院作出了《关于对我国世界文化遗产地保护工作检查情况的报告》。温家宝总理等国家领导人对此十分重视，并批示由国务院研究室牵头，继续对世界文化遗产地的保护管理工作做进一步调查，在文化部等几部委局的配合下，此调研工作已顺利进行，报告起草工作也已经完成。

加强法制建设，完善文物保护和博物馆事业的基础工作，需要一支具有高度责任心和专业素养的文物博物馆队伍，也需要良好的工作条件和工作机制。今年我们还依据《文物保护法》所赋予的工作职能，注意加强了文物队伍的建设工作。国家文物局举办的全国文物博物馆系统省级文物局局长、省博物馆馆长、省级考古所所长、古建所所长4个培训班以招投标的方式组织落实了方案并相继开学，拉开了大规模全国文物博物馆管理干部培训工作的序幕，在全国范围内文物博物馆人才教育培训活动逐步推开。在深化文化体制改革的大环境下，加快了文物事业改革步伐。国家文物局主要在直属事业单位——中国文物研究所中进行了系统调研和改革方案的制定工作，根据文化体制改革试点工作会议要求，文物事业单位作为公益性文化事业单位，要按照精神文明建设的特点和规律，适应市场经济发展的要求，深化劳动人事、收入分配和社会保障制度改革，加大国家投入，增强活力，改善服务，形成干部能上能下、职工能进能出、收入能高能低的竞争和管理机制。中国文物研究所的改革是文化改革试点单位之一，国家文物局高度重视此项工作。目前，该所的改革方案已经上报，有关配套政策方面的工作正在积极与国家财政部等有关部门沟通。

国家文物局司级领导干部竞争上岗大会

在看到成绩的同时，我们也认识到《文物保护法》的学习宣传和贯彻落实是一项长期而艰巨的任务，需要各级领导予以高度重视，常抓不懈，需要全社会民众的热情参与和积极支持。在今后一个相当长的时期内，全体文物博物馆工作者还必须保持锲而不舍、默默奉献的优良作风，以高度的紧迫感、责任感和使命感，继续在学习过程中把认识统一到《文物保护法》上来，在工作实践中把行为规范到《文物保护法》上来。最后，敬请各位领导和老专家继续关心、支持我们的工作，共同推动文物保护事业在新世纪蓬勃健康发展。

在中国历史文化名镇（村）（第一批）授牌仪式上的讲话

（2003年11月27日）

在新修订的《文物保护法》颁布实施一周年之际，为深入贯彻《文物保护法》及其《实施条例》，更好地保护、继承和发展我国优秀历史文化遗产，进一步推动历史文化村镇保护工作，建设部、国家文物局共同制定了《中国历史文化名镇（村）评选办法》，并据此评选公布了第一批中国历史文化名镇（村）。今天，建设部、国家文物局联合召开中国历史文化名镇（村）（第一批）授牌仪式。我谨代表国家文物局向第一批被授予中国历史文化名镇（村）的10个名镇、12个名村表示热烈祝贺，向多年来为历史文化村镇保护工作作出了巨大贡献的同事们表示感谢。下面，我就深入贯彻《文物保护法》，进一步推动历史文化村镇保护工作谈几点意见。

第一，17年来，历史文化村镇保护工作取得了明显进展，新《文物保护法》及其《实施条例》的公布施行更为这项工作的进一步发展奠定了坚实的法律基础。

早在20世纪70至80年代，国际上一些国家和组织已经开始对历史文化街区、村镇的保护进行实践。1976年11月，联合国教科文组织在内罗毕通过了《关于历史地区的保护及其当代作用的建议》。国际古迹遗址理事会于1987年10月在华盛顿通过了《保护历史城镇与城区宪章》。《内罗毕建议》和《华盛顿宪章》在国际范围内确立了历史文化街区、村镇保护的理念，成为人们付诸保护实践的行为准则。

1986 年 12 月 8 日，国务院批转了建设部、文化部《关于请公布第二批国家历史文化名城名单的报告》，指出："对一些文物古迹比较集中，或能较完整地体现出某一历史时期的传统风貌和民族地方特色的街区、建筑群、小镇、村寨等，也应予以保护。各省、自治区、直辖市或市、县人民政府可根据它们的历史、科学、艺术价值，核定公布为当地各级'历史文化保护区'。对'历史文化保护区'的保护措施可参照文物保护单位的做法，着重保护整体风貌、特色。"这是首次在国务院文件中对历史文化街区、村镇的保护作出了明确规定，成为全国性历史文化街区、村镇保护工作的起点，具有里程碑式的意义。

此后，浙江、江苏、北京、重庆等许多地方相继公布了当地的历史文化保护区、历史文化名镇、历史文化街区等，在此次公布的第一批 10 个中国历史文化名镇中，就有 7 个属于省、直辖市公布的历史文化名镇。一些地方将历史文化村镇的保护列入地方法规，对历史文化保护区（包括历史文化村镇、街区）的确定以及保护规划的制定、实施和监督管理等方面都做了具体规定。许多历史文化村镇经过充分的科学论证，制定了详细的保护规划，对文物古迹采取了严格的保护措施，对保持古村镇的历史风貌发挥了重要作用。此次公布的第一批历史文化名镇就基本上都制定了保护规划。对古镇的建筑风格、分类分区的各种保护措施等做了详细规定。一些历史文化村镇以其优美的自然和人文景观、鲜明的地方特色吸引了大批游人，成为新的旅游胜地，有力地带动了当地经济和社会文化的发展，取得了良好的经济和社会效益。但是，由于1982年全国人大常委会公布的《文物保护法》并不涵盖具有重大保护价值的历史文化村镇、街区，一些历史悠久、独具特色的历史文化村镇、街区由于得不到法律的保护，在城乡建设中遭到拆毁和破坏，如浙江定海古城、福州三坊七巷都遭受了无可挽回的损失。

2002年10月28日，新修订的《文物保护法》公布施行。第一次在法律上明确了历史文化街区、村镇受国家保护的地位，为我国将特定的城镇、街道、村庄作为历史文化遗产保护对象提供了法律依据。2003年5月18日，国务院公布了《文物保护法实施条例》，并于2003年7月1日起施行。新的《文物保护法》及其《实施条例》对历史文化村镇的保护做了明确规定，为进一步推动这项工作提供了有力的法律保障。

第二，当前历史文化村镇保护工作面临的形势不容乐观，从全国范围内分析，这项工作还刚刚起步，理论研究和法制建设都亟待加强。特别是今后一段时期，经济的快速发展必然伴随着大规模的经济建设，城乡建设和大型基础设施建设与历史文化街区、村镇保护之间的矛盾也会越来越突出。当前，历史文化村镇的保护工作主要还存在着以下一些问题。

（1）全国的历史文化村镇保护工作发展还很不平衡。一些地方已经公布了本地区的历史文化村镇，并采取了地方立法、制定保护规划等保护措施，历史文化村镇的保护工作取得了明显成效。而相当多的地方还没有真正开展这项工作，保护工作处于停滞不前的状态。在新《文物保护法》及其《实施条例》出台后，在全国范围内全面深入地开展历史文化村镇的保护工作成为当务之急。

（2）一些地方没有充分认识到整体保护历史文化村镇的重要性，将历史文化村镇的保护狭义地理解为对村镇中少数文物保护单位本体的保护，忽视对文物周边的环境风貌和一些尚未列入文物保护单位的优秀传统民居建筑的保护。往往不经充分的科学论证，就在历史文化村镇中乱拆乱建，导致相当数量的优秀传统民居建筑被拆毁，而新建的一些不伦不类的所谓仿古景点却遍地开花，对历史文化村镇的整体风貌和文物的环境景观造成了严重影响。

（3）制定和完善历史文化村镇保护规划的任务还十分艰巨。制定和严格执行专门的保护规划对历史文化村镇的保护极其重要。当前，各地已经公布的历史文化村镇中还有相当数量的村镇没有制定专门的保护规划。随着工作的深入开展，今后将公布更多的历史文化村镇，保护规划的制定和完善工作将更加繁重。

（4）片面追求眼前利益和经济效益，对历史文化村镇进行无限度、无规划的超容量开发的现象还相当严重。一些地方过度的旅游开发，已经对当地的文物古迹、自然环境和居民生活、风俗习惯形成了不容忽视的现实威胁，形成不利于历史文化村镇可持续发展的危机。

（5）有的地方违反《文物保护法》关于建立博物馆、保管所或者辟为参观游览场所的国有文物保护单位，不得作为企业资产经营的规定，擅自改变国有文物保护单位的管理体制，交给企业经营。还有的地方在开发利用中没有充分考虑当地民众的利益，挫伤了当地民众保护文化遗产的积极主动性。

第三，历史文化村镇的保护是文物保护工作的重要方面，要进一步做好这项工作，必须坚决贯彻落实《文物保护法》及其《实施条例》的规定和“保护为主、抢救第一、合理利用、加强管理”的文物工作方针。

十多年来历史文化村镇保护的工作实践已经证明，历史文化村镇都拥有丰富的历史文化遗产资源，首批被授予中国历史文化名镇（村）的10个名镇、12个名村中的5个名镇、8个名村就有全国重点文物保护单位。文物保护搞不好，历史文化村镇就会名存实亡。去年新修订的《文物保护法》规定了历史文化村镇应当是保存文物特别丰富并且具有重大历史价值或者革命纪念意义的城镇、村庄，进一步明确了历史文化村镇的保护是文物保护工作的重要方面。

要进一步做好历史文化村镇的保护工作，必须严格遵循文物保护工作的客观规律，坚决贯彻《文物保护法》及其《实施条例》的规定和“保护为主、抢救第一、合理利用、加强管理”的文物工作方针。建设部、国家文物局已经根据《文物保护法》的规定，草拟了《历史文化名城和历史文化街区、村镇保护条例》，目前正在进行相关论证和修改，在稿子比较成熟以后，将报请有关部门审核，报国务院批准施行。

吕梁临县西湾村民居

各地文物部门要同建设部门密切配合，按照《文物保护法》和文物工作方针的要求，把历史文化村镇保护作为一项重要工作来抓，扎扎实实地做好本地区内历史文化遗迹比较丰富的村镇和村镇内的文物古迹的调查摸底，在今后一两年内公布本地区一批新的历史文化村镇。对历史文化村镇内符合文物保护单位条件的不可移动文物，要及时核定公布为文物保护单位；尚未核定公布为文物保护单位的，要及时登记公布。同时，要充分认识到历史文化村镇的保护并不仅仅限于对文物保护单位的保护，而是对整个村镇的历史文化遗产的区域性的整体保护。要在科学论证的前提下，注重对历史文化村镇的文物本体、环境景观、历史风貌、地方特色等各方面文化资源的全面保护，制定和严格执行符合文物保护要求的历史文化村镇保护规划。要在有效保护、保存和展示历史文化遗产的前提下，坚持可持续发展战略，科学、适度地利用历史文化资源。要在历史文化村镇管理体制改革的探索过程中，坚持依法办事，坚决维护国有资产的国家所有权和收益权，下决心纠正那种擅自改变国有文物保护单位管理体制、交由企业作为资产经营的错误做法。要在历史文化村镇的保护管理工作中，尤其是利用的收益分配上，充分考虑到当地民众的根本利益，有效地调动广大民众的积极性和主动性，使当地民众能够以主人翁的精神，自觉地保护好文化遗产，使历史文化村镇的保护工作真正落到实处。

第四，首批中国历史文化名镇（村）的评选、公布是建设部、国家文物局贯彻实施新修订的《文物保护法》，在《文物保护法》的框架内进一步推动历史文化名镇（村）工作的一项重要举措。

中国历史文化名镇（村）的称号，既代表着崇高的荣誉，是对此次授牌的10个名镇、12个名村的历史文化遗产保护工作的肯定；也代表着重大的责任，对各个名镇（村）的保护工作提出了更高的要求。希望首批中国历史文化名镇（村）都能以此为新的起点，以“不负先人、传承子孙”的历史责任感和使命感，切实保护好宝贵的历史文化遗产，为全国的历史文化名镇（村）的保护工作树立良好的榜样。建设部、国家文物局将对中国历史文化名镇（村）实行动态管理，不定期检查和监督有关保护工作，对于已经不具备规定条件的，撤销其中国历史文化名镇（村）的称号。各地文物部门要同建设部门密切配合，抓住此次评选、公布首批中国历史文化名镇（村）的契机，同新的《文物保护法》颁布一周年的宣传活动相结合，广泛宣传《文物保护法》关于历史文化村镇保护的规定，尤其要在历史文化遗迹保存丰富的村镇大力宣传、普及历史文化村镇保护的知识和理念，在全国范围内将历史文化村镇的保护工作掀起一个新的高潮。

在《行政许可法》学习培训班上的动员讲话

（2004年2月26日）

根据我局关于贯彻实施《行政许可法》的工作方案，今天我们在这里召开《行政许可法》学习培训班。《行政许可法》对行政许可的基本原则、行政许可的设定、实施行政许可的机关、实施行政许可的程序、对行政许可事项的监督检查和法律责任等都作出了明确的规定。它的公布施行，对于深化行政审批制度改革，推进行政管理体制改革，从源头上防治和治理腐败，保障和监督行政机关有效实施行政管理，都具有重要意义。希望大家能认真的学习《行政许可法》，结合我们的实际工作，充分领会《行政许可法》的精神实质，学好用好这部法律。

首先，我想讲几点对《行政许可法》的认识。

一、《行政许可法》的贯彻实施，将加快政府职能的转变

《行政许可法》通过行政许可的立法政策，严格限制设定行政许可的事项范围，规定了什么事项可以设定行政许可，什么事项不可以设定行政许可，在政府管理与公民、法人或者其他组织自主决定的关系上，确立了公民、法人或者其他组织自主决定优先的原则；在政府管理与市场竞争的关系上，确立了市场优先的原则；在政府管理与社会自律的关系上，确定了社会自律优先的原则。这些制度

和原则对防止公权力对社会经济生活和公民个人生活的过度干预，培育社会自律机制，促进政府职能切实转变到经济调节、市场监管、社会管理、公共服务上来，都具有重要作用。

《行政许可法》通过对行政许可权作出规定，相对集中了行政许可的设定权，除全国人大及其常委会、国务院、省级地方人大及其常委会以及省级政府外，包括国务院部门在内的其他国家机关一律不得设定行政许可。这些规定有利于从源头上改变行政许可过多、过滥的状况，打破行业垄断和地区封锁。

《行政许可法》第一次以法律的形式确立了信赖保护原则，明确了公民、法人或者其他组织依法取得的行政许可受法律保护，要求行政机关对作出的行政许可决定要保持稳定，不得擅自撤销和变更已经作出的行政许可决定，给老百姓以明确的预期；行政机关为了维护公共利益，改变行政许可，给公民、法人或者其他组织造成财产损失的，要依法予以补偿。这对增强行政机关的信用，密切政府和民众的关系，具有重要意义。

二、《行政许可法》的贯彻实施，将有力地推进依法行政工作

对行政机关来说，行使权力的过程，也是履行职责的过程，权力与责任是统一的。《行政许可法》对行政机关违法设定行政许可，对行政许可申请该受理的不受理，该予以行政许可的不予以行政许可，不该予以行政许可的乱予以行政许可，只许可不监督以及监督不力的行为，都规定了严格的法律责任。这对确保权力与责任的统一，强化政府责任，提高政府责任意识，尽心尽职履行职责，具有重要作用。

全面推进依法行政，要求政府机关向社会公开行政管理运作的过程，包括行政管理的主体、依据、内容、过程以及结果，使公众依法通过各种途径和形式参与公共政策的制定与执行，管理国家事务和社会事务，管理经济和文化事业。《行政许可法》规定的制度，有利于保障公民对行政管理事务的知情权、参与权和监督权，有利于公民、法人或者其他组织积极参与管理，促进政府严格依法行政。

三、《行政许可法》的贯彻实施，将促进行政管理方式的改进和行政管理水平的提高

《行政许可法》规定，行政机关要将直接管理与间接管理、动态管理与静态管理、事前行政许可与事后严格监管、加强管理与提高服务有机统一起来。充分利用间接管理手段、动态管理机制和事后监督检查，加强对经济和社会事务的管理，提高服务水平和效率，改变经济社会事务中一出现问题就求助于行政许可来管理的现状，有利于促进行政机关改变管理方式，创新管理机制。

《行政许可法》按照高效、便民的原则规定的一系列方便申请人申请行政许可的制度和程序，简便、快捷的行政许可审查程序，相对集中行政许可权和办理行政许可的一个窗口对外、统一办理、联合办理或者集中办理制度，有利于行政机关树立服务意识，改进工作作风，提高工作效率。

《行政许可法》是继《国家赔偿法》《行政处罚法》《行政复议法》之后又一部规范政府共同行为的重要法律。其所确立的若干制度是对现行行政许可制度的规范和重大改革，对进一步转变政府职能、改革行政管理方式和推进依法行政，将产生深远影响。我们要根据国家文物局关于贯彻实施《行政许可法》的工作方案，认真学习贯彻这部法律。

《行政许可法》将于7月1日正式施行。时间紧，任务重，我们要以高度负责的态度，在国家文物局贯彻实施《行政许可法》领导小组的统筹安排下，团结合作，锐意进取，顺利完成此项工作。

关于加快制定《历史文化名城保护条例》的提案[①]

（2005年3月）

1982年2月8日，国务院公布了首批24座中国历史文化名城，同年11月19日颁布实施的《文物保护法》首次以法律的形式对历史文化名城保护工作作出了规定，为推动历史文化名城保护工作提供了法律保障。经过20多年的发展，目前我国已有102座国家历史文化名城，各地也公布了一些省级历史文化名城，并在实践中形成了一些好的思路和经验，为保护好历史文化名城进行了积极的探索。但是，随着我国城市化进程的不断加快，城市建设与历史文化名城保护之间的矛盾日益突出，许多历史文化名城遭到很大程度的破坏，有的已经造成了难以挽回的严重后果，引起了社会各界的广泛关注和国家领导的高度重视。2003年9月，胡锦涛总书记、温家宝总理分别在有关专家反映历史文化名城保护问题的来信上作出重要批示，要求要注意保护历史文化遗产和古都风貌，关键在于狠抓落实，各有关方面都要大力支持。

目前，我国历史文化名城保护主要依照《文物保护法》和《城市规划法》中的有关条文以及国务院和有关部门的一些相关的政策

① 此文为在全国政协十届三次会议上的提案，联名提案人：樊锦诗　刘庆柱　苏士澍　陈漱渝　王洪华　舒乙　姚珠珠　王巨才　边发吉　夏燕月　李燕　吴雁泽　李致忠　王铁城　杨伟光　马博敏　艾青春　潘震宙　张贤亮　吴祖强　赵汝蘅　高占祥　滕矢初　吴贻弓　潘虹　董良翚　阿拉泰　敖德木勒　李谷一　张会军　王馥荔　黄宏　朱建军　张文彬　冯骥才　陈晓光　姜昆　李双江　陈建功　陈燮阳

性文件。这些条文和文件往往是一些原则性意见，可操作性不强，这就使历史文化名城保护工作缺乏有力的法律法规依据和保障措施，造成破坏名城的行为屡禁不止却能免受相关的制裁。制定全面、系统、法律责任明确、可操作性强的行政法规，以加强和规范历史文化名城的保护工作，已是当务之急。

2002年10月28日，第九届全国人大常委会第三十次会议通过了新修订的《文物保护法》，其中第十四条第四款明确规定："历史文化名城和历史文化街区、村镇的保护办法，由国务院制定。"为此，有关部门已就《历史文化名城保护条例》进行了长时间的起草工作，但迟迟未能出台。

巍县巍山县星拱楼

2004年4月、7月、8月，全国政协文史资料委员会对一些省市历史文化名城保护工作进行了考察，并在考察报告中着重指出"历史文化名城保护的法律法规体系不完善”是历史文化名城保护工作中存在的主要问题之一。

当前，加快制定并出台《历史文化名城保护条例》，已经成为我国文化遗产保护工作中非常紧迫和重要的任务；各有关部门对制定此条例的必要性早已形成共识，并经过多年来的努力，完成了大量的基础工作，为条例的制定奠定了良好的工作基础，加快制定出台条例的条件已经基本成熟。为此，特提出以下建议。

（1）鉴于当前历史文化名城保护工作亟须出台相关条例，《历史文化名城保护条例》应争取在今年内完成主要起草工作，并请国务院尽早审议颁布。建议由国务院法制办公室牵头，成立《历史文化名城保护条例》起草小组，吸纳建设部、文物局等有关部门和科研机构的有关专家参加起草小组。

（2）《历史文化名城保护条例》应当以《文物保护法》为主要立法依据，遵循“保护为主、抢救第一、合理利用、加强管理”的文物工作方针,成为我国文化遗产保护法律体系的重要组成部分。

（3）《历史文化名城保护条例》应当对历史文化名城作出明确界定，对保护的基本指导思想、原则、主要内容、专项保护资金的设立、保护工作的监督检查和法律责任等作出明确规定，使历史文化名城保护工作有法可依、有章可循。

（4）《文物保护法》第十四条第三款规定：“历史文化名城和历史文化街区、村镇所在地的县级以上地方人民政府应当组织编制专门的历史文化名城和历史文化街区、村镇保护规划，并纳入城市总体规划。”《历史文化名城保护条例》应当将历史文化名城保护规划的制定和实施作为重要内容，推动规划制定工作的科学化和民主化进程，确保规划的稳定性和权威性，加大对规划实施的监督力度，对违反规划、破坏历史文化名城的行为，应当明确相应的法律责任和执法机构。

（5）在条例起草和出台的过程中应广泛征求专家和社会各界的意见和建议，并充分吸收各地在多年来历史文化名城保护实践中探索出的设立历史文化保护区、地下文物埋藏区等好的经验和做法。

（6）《历史文化名城保护条例》颁布实施后，建议国务院责成有关部门共同开展历史文化名城保护工作专项检查，对历史文化名城的布局、环境、历史风貌等遭到严重破坏的，依照《文物保护法》，由国务院撤销其历史文化名城称号。

关于设立“文化遗产日”的提案[1]

（2005 年 3 月）

为了增强对民族传统文化的重视和提高全民保护文化遗产的意识，世界上许多国家都每年定期举办旨在弘扬历史和传统文化的“文化遗产日”活动。“文化遗产日”活动起源于法国。20 世纪 60 年代，为了对法兰西民族的历史文化财富进行全面科学的普查、整理与保护，法国政府进行了大规模的文化遗产调查，之后将每年 6 月第二个周日确定为“文化遗产日”。在这一天，被文化部列入国家文化遗产保护名册的各类建筑物，包括博物馆、教堂以及部分政府机构所在地等，都免费向公众开放。为了使活动更具系统性，每年的“文化遗产日”活动都确定一个主题。从 1992 年起，欧洲许多国家也加入了“文化遗产日”活动的行列。例如：2003 年欧洲 48 个国家经过协商，决定从当年 9 月 6 日开始，将分期分批陆续举办系列“文化遗产日”活动；各国向公众免费开放博物馆、文化遗址，同时举办各种文化活动。这些活动极大地提高了各国、各民族在文化认同上的自觉和自尊，增强了民族凝聚力，受到广大社会公众的热烈欢迎。

---

① 此文为在全国政协十届三次会议上的提案，联名提案人：樊锦诗　刘庆柱　苏士澍　陈湫渝　王洪华　舒乙　姚珠珠　王巨才　边发吉　夏燕月　李燕　吴雁泽　李致忠　王铁城　杨伟光　马博敏　艾青春　潘震宙　张贤亮　吴祖强　赵汝蘅　高占祥　滕矢初　潘虹　吴贻弓　董良翚　敖德木勒　阿拉泰　李谷一　张会军　王馥荔　黄宏　徐庆平　张文彬　冯骥才　陈晓光　姜昆　李双江　陈建功　陈燮阳

我国成为国际博物馆协会的会员国后，各级文物行政部门已连续十几年牵头开展宣传“5·18国际博物馆日”的活动，取得了一定的成效。但“国际博物馆日”的主题尚无法涵盖文化遗产的所有方面，特别是与社会公众密切相关的保护历史文化名城、保护历史文化街区和村镇、保护不可移动文物、保护非物质文化遗产、宣传普及文物保护的各项方针政策和法律法规等方面尚不能纳入其中。长期以来，从事、参与和热心于文化遗产保护工作的人员构成还仍然以各级文物行政部门、专业机构和部分专家学者为主。绝大多数的社会公众对文化遗产的关注也还大多停留在观光鉴赏、评估价值的浅层认识上，很少能够有意识地参与文化遗产保护的具体行动。而正如生态环境保护一样，文化遗产保护是保护整个社会文化环境的一部分，对我国这样一个地上地下文化遗产极为丰富的文物大国来说，文化遗产保护和社会公众的日常生活是密不可分的。同时，当前我国文化遗产保护工作正处在一个关键时期，面临着城市化浪潮的巨大挑战，迫切需要来自各个方面的理解、支持和投入。

主动加强与社会公众的联系，动员社会公众了解文化遗产保护的各项政策、关注文化遗产保护的动态、自觉投入文化遗产保护领域，对各级政府和有关部门来说，既是加强文化遗产保护工作的客观需要，也是保障社会公众分享文化资源，参与和监督文化遗产保护的文化权利实现的重要义务。随着经济发展和人民生活水平的提高，我国政府对文化遗产保护的投入不断增强，社会公众对文化遗产保护的关注和热情持续高涨，社会公众投入文化遗产保护的潜力亟待发掘。因势利导，加强政府在文化遗产保护方面的主导作用也必将能够得到社会公众的热烈反应和支持。参照其他国家的普遍成功经验，设立我国的“文化遗产日”，将是彰显我国政府对文化遗产保护的主导作用和决心，促进建立以国家保护为主和动员全社会共同参与的文化遗产保护新体制的一项重要举措,具有十分重要的意义。

因此，建议请有关部门牵头研究，提出具体方案，经国务院同意后，报请全国人大批准设立我国的“文化遗产日”，在国家的层面上对“文化遗产日”作出明确的规定。在“文化遗产日”的规定日期里，国家所有的文化遗产保护机构都应当积极组织各种相关活动，并向社会公众免费开放所有的博物馆以及能展示和表现文化遗产价值的其他场所，同时组织新闻媒体对“文化遗产日”进行集中宣传报道，扩大文化遗产保护在社会公众中的舆论影响，努力营造全社会共同关注文化遗产保护的良好氛围。

文化遗产日特别展览

在《西安宣言》专家座谈会上的讲话

（2005年12月2日·陕西西安）

刚才各位专家围绕《西安宣言》各抒己见，我听了以后很受启发，会后我们还要认真归纳，加深理解。大家对宣言产生的作用和意义做了充分肯定，并就如何在我国实践宣言涉及的文化遗产及其环境保护的新理念和新手段，提出了很好的意见和建议。

《西安宣言》是继1994年《奈良真实性文件》之后的又一个冠以亚洲城市名称且又具有里程碑式重要意义的国际性文化遗产文件，也是第一个以中国古都命名的国际古迹遗址保护领域的行业共识性文件。宣言提出应充分认识环境对古迹遗址重要性的贡献，提出正确理解、记录和阐释不同背景下的环境，建议通过采取一些必要手段和实践对环境进行保护和管理、对影响环境的变化进行监测和掌控，并通过当地的和国际的合作以及跨学科的合作增强人们的文物环境保护与管理意识。宣言的产生，表明国际社会对文化遗产所处环境保护意义的认识和重视，也表明国际古迹遗址领域对发展中国家尤其是亚太地区经济高速发展中文化遗产及其环境保护的关注，这些无疑是文化遗产保护事业的进步。

曾经有一段时期，对文化遗产及其环境的破坏被认为是经济和城市发展必须付出的代价，尤其在我国这样一个人口密度极高的文物大国，我们付出的代价可能要比其他一些国家更高。这种情形导致的结果是破坏了文物生存的环境，最终动摇了人类生存的根基。在经济蒸蒸日上的同时，很多城乡景观和人们的生活方式发生了根本变化，大多数古迹遗址处于景观改造的包围之中，一些传承千百年的有形和无形的文化遗产，随着人类心理、自然环境和社区活动的改变而陷入危机，很多传统民间文化遗产濒临消亡。

西安城墙

随着国际古迹遗址理事会第 15 届大会暨科学研讨会在西安召开，历经一年的思考与酝酿，汲取国际和国内众多保护案例与经验，汇集国内外专家集体智慧与心血，《西安宣言》在一个拥有丰厚文化遗产的东方古都适时诞生。它宣告了现代社会人们对文化遗产的保护已从遗产本体扩大到对其环境以及环境所包含的一切历史的、社会的、精神的、习俗的、经济的和文化的活动。当保护理念和保护范围得到科学拓宽时，对文化遗产本体的保护将更有效，这就像在遗产周围搭建了牢固的保护屏障，其作用是不仅更好地保护遗产本体，而且有利于保护遗产环境中动态的物质和非物质文化遗产，从而巩固和增进遗产本体历史价值和文化价值的保护。

近年来，国家文物局等部门越来越重视文物环境的保护，在古迹遗址周围设立了保护区、缓冲带或建设控制地带等，取得了环境保护的初步成效。今后，将借宣传和推广《西安宣言》之机，更加重视文化遗产保护的发展性内涵，将环境纳入遗产保护范围，综合考虑有效保护，并将作出以下努力。

（1）健全文化遗产及其环境保护的法律法规体系，不断加大现有法律法规的实施力度，进一步加强理论研究工作，确保法律手段和理论研究在保护中发挥更大作用。近年来，国家文物局将加强法制建设列入工作重点，最近国务院又批准国家文物局设立了政策法规司，为此项工作的开展进一步创造了条件。同时，我们也注意到在文化遗产及其环境保护方面，缺少国家标准和技术规范。在这方面我们要向建设部门学习，最近建设部又发布了由中国城市规划设计研究院主编的国家标准《历史文化名城保护规划规范》。这些国家标准和技术规范有利于统一理念和规范行为，在“十一五”期间我们将重点安排涉及文化遗产及其环境保护方面的国家标准和技术规范的编制。

（2）要加强文化遗产保护规划的研究编制。由于文化遗产保护的特殊性和复杂性，目前保护规划的编制严重滞后。比如在列入全国重点文物保护单位名单的 138 处大型古代城市遗址中已制定专项保护规划的仅有 16 处，占 11.6%，目前正在制定专项保护规划的 46 处，占 1/3，两项合计不足 45%，严重不适应保护工作的需要，因此还需加大力度，尽快使列为保护单位的各类文化遗产均在保护规划的指导下得到更为妥善的保护。近年来，中国建筑设计研究院历史建筑研究所等规划编制机构，坚持工作在遗址保护的第一线，在开展前期调研和探索编制保护规划的理论等方面做了大量的工作，制定了一批高质量、可行性强的大型古代城市遗址保护规划。同时，我们要推动保护规划纳入城市总体规划、城镇体系规划和经济与社会发展规划，并制定国家管理层面的实施规划的措施。使文化遗产保护与当地经济和社会发展形成有效的、科学的、合理的统筹协调，实现文化遗产价值的完整保护。

（3）努力创造条件确保大遗址等重大文物和世界文化遗产保护项目的实施，近期通过启动和实施重点项目，完成一批重要文化遗产保护的示范工程，逐步形成文化遗产保护良好的自然、人文和生态环境，谋取区域社会及其生态的和谐与可持续发展。同时，将这些文化遗产保护示范工程作为对《西安宣言》的具体实践。近两年来，有关部门及地方政府先后实施了高句丽遗址、殷墟遗址的保护和环境整治，取得了一些宝贵的经验，刚才安家瑶先生又通报了大明宫遗址考古工作的最新成果。这些保护实践使我们更加坚定了信心，保护的成果完全可以给城市带来良好的环境，给当地民众生活带来改善，发挥出文化遗产保护的综合效果。今年，国家为大遗址保护设立了每年 2.5 亿元的专项保护资金，我们要充分利用这一有利条件，加大大遗址的保护实施力度。在世界文化遗产保护方面，在继续加强对已列入《世界遗产名录》的文化遗产项目实施保护的同时，应更郑重地重新调整设立《中国世界文化遗产预备清单》。这一预备清单的设立，要严格按照《世界遗产公约》和《世界遗产公约实施准则》确定的原则、标准和程序来开展。这一做法与过去的根本区别，应该在于不是列入预备清单后再开展相关保护和环境整治，而是积极实施文化遗产保护和环境整治并达到相应标准后才能列入清单。使申报世界文化遗产的积极性切实引导到对文化遗产及其环境的保护上来，扭转“重申报、轻管理”的倾向。

总之，作为一个拥有众多文化遗产的文物大国，文物的环境保护是保护领域中地理范围较广、涉及部门较多、情况较为复杂、经费需求较大的部分，受社会发展、经济增长、人口膨胀、资源分配等因素的影响较大。我们深感责任重大,也深知开展此项工作之艰巨,但是我们有信心克服种种困难，努力将文化遗产及其环境的保护工作落到实处，促进我国文化遗产保护事业的良性发展。

在学习贯彻《国务院关于加强文化遗产保护的通知》座谈会上的讲话

（2006 年 2 月 21 日）

2005 年 12 月，国务院下发了《国务院关于加强文化遗产保护的通知》（以下简称《通知》），这是在新的历史发展时期我国文化遗产保护事业中的一件大事，对促进我国文化遗产保护工作，全面提升依法行政、依法管理水平具有重要的意义和深远的影响。为了更好地学习、贯彻、落实国务院《通知》，并以此为动力，推动我国文化遗产保护事业迈上一个新台阶，我们今天特别邀请有关部委、有关专家和部分省级文物行政部门的领导一起座谈。并借此机会，向在座各位汇报国家文物局关于进一步学习和贯彻《通知》精神的体会及思路。同时，就如何贯彻《通知》精神，进一步做好文化遗产保护工作听取大家的意见和建议。在听取各位专家、领导意见前，我想先就《通知》的重要意义、出台背景和国家文物局贯彻《通知》精神的意见和设想向大家做个汇报。

我国是享誉世界的文明古国，我们祖先留下了博大精深的文化遗产，使得我国成为世界上保存文化遗产最为丰富的国家之一。这些文化遗产都是我们继承优秀民族传统、发展先进文化、创造美好生活、构建和谐社会的宝贵资源。随着我国综合国力的提高，国家逐步加大了对文化遗产保护工作的投入，为文化遗产事业的发展提供了有力的经济基础；各级政府和广大民众文物保护意识的增强，为文化遗产事业的发展创造了良好的社会条件。2002 年 12 月，经国务院批准，全国文物工作会议在北京召开。会议充分肯定了 1995 年以来文物工作所取得的成绩，针对存在的薄弱环节，提出了在新的历史阶段文物工作应切实遵循的工作原则和基本思路。会议在全面贯彻落实《文物保护法》所确立的“保护为主、抢救第一、合理利用、加强管理”文物工作方针的基础上，要求全国文物工作者在新的历史时期，牢牢把握文物工作面临的难得历史机遇，充分认识文物事业在推动我国经济和社会发展中的重要使命和战略地位，深入探讨中国文物事业在当代世界范围内各种思想文化相互激荡和综合国力激烈竞争中的特殊价值和作用，勇敢担当起保护祖国文物、传承中华文明、弘扬先进文化的神圣使命，确保祖国文物世代安宁、永续利用。这次会议之后，全国文物工作者齐心协力、团结奋斗，各项工作都取得了可喜的成绩，文物事业的发展水平有了新的提高。

我们也应当看到，当前文化遗产保护的机构建设、队伍建设等基础工作仍然薄弱，观念滞后、体制障碍等问题仍然束缚着事业的发展；破坏历史文化名城风貌、损毁文物建筑、破坏文物原生环境、侵蚀文化遗址的现象仍普遍存在，有法不依、执法不严的现象屡有发生；在文化遗存相对丰富的少数民族聚居地区，由于人们生活和生产方式的改变以及生活环境和条件的变迁，民族或区域文化特色消失加快。加强文化遗产保护已经到了刻不容缓的时候。

文化遗产保护是一项以国家投入为主、动员全社会参与的事业。当前我国文化遗产保护工作正处在一个关键时期，面临着城市化浪潮的巨大挑战，迫切需要来自各个方面的理解、支持和投入。据我们了解，世界上许多国家，如法国、意大利、比利时、阿尔巴尼亚等 40 多个欧洲国家，印度、泰国、南非、乌拉圭等亚非拉国家都通过积极开展“文化遗产日”活动，增强民众保护民族文化遗产的意识，引导和动员民众广泛参与文化遗产保护工作，并取得了良好效果。为此，参照其他国家的成功经验，在我国设立“文化遗产日”的想法日益成为一些关注文物保护事业有识之士的共同愿望。早在1997年，郑孝燮先生等人就曾经提出过设立“文化遗产日”的倡议。一些地方如河南省、内蒙古自治区、苏州市等率先分别设立了自己的“文化遗产保护日”。近两年的政协提案中，有关委员就国家设立“文化遗产日”的呼吁日益强烈。在全国政协十届三次会议上，我也曾提交过《关于设立“文化遗产日”的提案》，得到了与会委员的热烈响应，当时有40名政协委员在这一提案上签名表示支持。去年7月，在座一些文物博物馆界和有关学术研究领域的专家就设立国家“文化遗产日”一事专门致信国家领导人并引起他们的高度重视，相继

罗马城市景观

作出了重要批示，明确要求相关部门研究并提出意见。在国务院办公厅的牵头下，国务院法制办、文化部、建设部和国家文物局等相关部门多次会商研究并统一了思想认识，对专家们提出的意见给予了充分认同和高度评价。在各有关方面的努力下，去年年底，正式下发了《国务院关于加强文化遗产保护的通知》。明确将每年 6 月的第二个星期六设立为我国的“文化遗产日”。《通知》是现阶段指导我国文化遗产保护事业健康稳步发展的纲领性文件，对于我们开启新的工作局面具有重要的指导意义，充分体现了我国政府对保护文化遗产的高度重视。

首先，《通知》引导我们从全局上把握当前的工作形势，明确提出了新时期我国文化遗产保护的指导思想、基本方针和总体目标。《通知》提出，到 2010 年，我国要初步建立比较完备的文化遗产保护制度，文化遗产保护状况得到明显改善；到 2015 年，要基本形成较为完善的文化遗产保护体系，具有历史、文化和科学价值的文化遗产得到全面有效保护；要使保护文化遗产的观念深入人心，成为全社会的自觉行动。总体目标的确立，为文化遗产保护工作以及事业的发展描绘了一幅鼓舞人心的蓝图，指明了文化遗产保护健康发展的前进方向，我们要认真把握、努力实践，有步骤、有计划地推进目标实现的全过程。

其次，《通知》明确指出今后要着力解决文化遗产保护面临的六大突出问题，包括切实做好文物调查研究和不可移动文物保护规划的制定实施工作、改进和完善重大建设工程中的文物保护工作、切实抓好重点文物维修工程、加强历史文化名城（街区、村镇）保护、提高馆藏文物保护和展示水平、清理整顿文物流通市场等，并且对下一步工作重点进行了部署，涉及的内容很全面、很具体，具有很强的操作性。在制度建设方面，《通知》要求建立历史文化名城重大建设项目公示制度、文化遗产保护责任制度和责任追究制度、文化遗产保护定期通报制度、专家咨询制度等；在政策制定方面，《通知》提出要抓紧制定和完善有关社会捐赠和赞助的政策措施；在机构建设上，《通知》要求成立国家文化遗产保护领导小组，统一协调文化遗产保护工作，并要求地方各级政府也要建立相应的文化遗产保护协调机构。《通知》还进一步明确了相关部门在文化遗产保护工作中的权责，譬如要求国务院文物行政部门统筹安排世界文化遗产、全国重点文物保护单位保护规划的编制工作，并对规划实施情况进行跟踪监测、检查落实等。

耶路撒冷博物馆

通过前一阶段的学习，我们还深刻认识到，《通知》的下发对我国文化遗产事业的法制化、规范化、科学化、民主化建设将起到积极的推动作用。贯彻落实《通知》精神是我们今后工作的一个重点，国家文物局已就如何贯彻落实《通知》精神向各级文物行政部门提出了要求，主要有以下几个方面。

（1）要认真学习《通知》内容，深刻领会《通知》精神，充分把握《通知》的各项要求，进一步认识加强文化遗产保护工作在贯彻落实科学发展观和构建和谐社会中的重要作用，准确把握今后一个时期，我国加强文化遗产保护的指导思想、基本方针和总体目标，把认识统一到《通知》精神上来。

（2）要紧紧依靠当地政府，密切配合各有关部门，切实加强对文化遗产保护工作的领导，明确岗位，落实责任，将文化遗产保护纳入当地经济、社会发展规划和城乡建设规划，纳入各级领导责任制。落实组织协调机构，形成完善的、科学有效的文化遗产保护管理系统，鼓励、引导社会力量进入文化遗产保护领域，推进文化遗产事业的社会化进程。

（3）着力研究解决文化遗产保护面临的突出问题和矛盾，坚持全面、协调、可持续发展战略，处理好保护、管理和利用的关系，处理好文化遗产保护和经济建设的关系。

（4）加快文化遗产保护法制建设进程，健全法规体系，坚持依法办事，加大执法力度，加强执法能力。坚决抵制和制止任何违反文化遗产保护法律法规的行为，严厉打击各种破坏文化遗产的违法犯罪活动。

（5）加强调查研究，特别是对关系文化遗产事业大局的创新意识和理论、发展文化遗产保护事业的政策措施、国际先进文化遗产保护的理论与实践等进行调研，为指导文化遗产保护工作提供理论支撑。

（6）按照《通知》提出的指导思想和方针、目标，科学制定本地区文化遗产保护发展规划。加大文化遗产保护管理机构和专业队伍的建设，加强科技研究和科研成果推广，为推进文化遗产保护的可持续发展提供科技和人才保障。

（7）结合本地区实际，采取多种形式，开展文化遗产保护的宣传教育，增强民众参与保护的使命感与责任感，使热爱、珍视、保存、维护和抢救文化遗产的理念深入人心。

（8）加强与当地有关部门的沟通与合作，在做好物质文化遗产保护的同时，共同做好非物质文化遗产的保护工作。

去年年底，我们召开了全国文物局长会议。会议在总结前三年工作的基础上讨论了《国家文物事业“十一五”发展规划》，明确了“十一五”期间的主要工作任务，具体地说有11项任务：开展文物普查；开展文物调查及数据库管理系统建设，基本实现文物数据的动态管理和资源共享；加大文物保护单位的保护管理工作力度；建立大遗址保护和利用的良性互动模式，建设好汉长安城、唐大明宫、隋唐洛阳城等一批重点大遗址保护展示园区；配合国家海洋开发战略，加强水下文物的调查保护；继续加强世界文化遗产保护管理工作，建立健全世界文化遗产申报预备清单制度；建成与中华文明和综合国力相适应的博物馆体系，加强对博物馆藏品保护和管理工作力度，建立全国国有博物馆馆藏珍贵文物总目录；依法规范文物流通秩序，打击文物非法交易和走私行为；加强科学和技术研究，提高文物保护科技含量；加大人才培养和队伍建设；强化科学管理和规范管理等。这些工作将为贯彻好、落实好《通知》提出的要求和任务奠定更为扎实的基础。

《通知》在强化政府责任的同时，还着重强调了动员全社会和广大民众保护文化遗产的理念。特别是“文化遗产日”的设立凸显了文化遗产事业在国民经济与社会发展中的重要作用，有利于增强全球华人特别是海峡两岸同胞对具有悠久历史的中华文明的认同感，有利于增强民族凝聚力，同时又具有很强的现实意义。

考虑到国家设立“文化遗产日”的宗旨和精神，对今年开始并形成长效机制的庆祝“文化遗产日”的活动，将遵循政府主导、社会参与的原则。今年的活动，我们将积极争取国务院公布第六批全国重点文物保护单位和第一批国家级非物质文化遗产名录，表彰一批长期奋斗在文物保护一线的基层文物工作者。我们将积极倡导各级政府和组织举办相关的公益活动。例如在文化遗产地、博物馆开展“爱我遗产　优化环境”系列活动；具备开放条件的各级文物保护单位、博物馆、图书馆等免费开放；举办文化遗产展览和民族传统文化展示；举办文化遗产保护讲座；举办专家咨询，开展文物收藏鉴赏活动；以座谈会等形式听取广大民众的意见和建议等。

我们希望通过举办“文化遗产日”活动，一是切实唤起全社会文化遗产保护的意识，建立并完善以国家保护为主、全社会共同参与的文化遗产保护新机制；二是推动各级政府切实改善和加强文化遗产保护和传承工作。

我们相信，认真贯彻落实《通知》的精神和部署，努力实现规划的目标，文化遗产保护工作在今后一个时期的发展方向是明确的，前景是令人鼓舞的。《通知》把保护文化遗产的重要性提升到维护国家文化安全的高度来强调，对我们文化遗产事业提出了更高的标准和要求。我们一定要本着对国家和历史负责的态度，进一步增强责任感和紧迫感，按照文件的要求，科学规划，加强协调与自主创新能力，精心组织，合理安排，夯实基础，切实做好文化遗产保护的各项工作。

文化遗产保护与利用专题报告会

“柳州讲堂”（第 6 期）——中国文化遗产保护专题报告会

关于理顺文物出境鉴定管理机构体制的提案[1]

（2006年3月）

中华民族在漫长的历史进程中，创造了丰富的历史文化遗产。它是反映中华文明的主要载体，是凝聚民族精神的强大动力，是中华民族的骄傲。对进出境文物进行审核，是我国文化遗产保护事业的重要组成部分，是防止珍贵文物流失境外的最后一道关口。在国际经济文化交流日益频繁，国内文物流通日益活跃的今天，做好文物进出境审核工作，对于我国文化遗产的保护具有十分重要的意义。

根据《文物保护法》，文物出境由“国务院文物行政部门指定的文物进出境审核机构审核”。目前，文物进出境审核工作具体由北京、天津、上海、广东、福建、江苏、浙江、云南、辽宁、山东、安徽、四川、陕西、山西、河北、河南、湖北17家国家文物出境鉴定站承担，充分发挥了在文物进出境审核中的关口作用，为防止国家珍贵文物外流发挥了突出的作用。同时，文物进出境鉴定工作在体制管理、队伍建设上也暴露出一些问题，应该引起有关部门的重视。

根据有关规定，各文物出境鉴定站由各省、自治区、直辖市组建定编，经国家文物局批准后执行文物出境鉴定方面的国家行政职

① 此文为在全国政协十届四次会议上的提案，联名提案人：姚珠珠　龙瑞　李羚　李延声　罗天婵　赵青　莫德格玛　吴江　王铁成　袁熙坤　张文彬　夏燕月　安家瑶　樊锦诗　苏士澍　周天游　陈漱渝　盖山林　鲍国安　王馥荔　克里木　白淑湘　李双江　叶惠贤　董良翚　吴雁泽　李谷一　徐庆平　赵喜明　胡芝风　阿拉泰　张贤亮　王兴东　盛中国　魏明伦　张平　李致忠　王铁城　赵汝蘅　陈燮阳　冯小宁

能。行政上由有关省、市文物行政管理部门领导、管理，业务上由国家文物局统一指导、监督，各省、市文物主管部门必须保证人员和事业经费。

目前，上述文物出境审核机构除1家是差额拨款（山西），1家自收自支（北京）外，其余15家都是全额拨款事业单位。但是在工作体制上仍不能够令人满意。目前，只有部分鉴定站是作为独立法人事业单位开展工作，其余有的是挂靠在文物局，有的是挂靠在博物馆。根据有关规定，文物进出境审核机构应该配备7至12名专职人员，其中“应当有5名以上专职文物进出境责任鉴定员”。但目前全国17家鉴定站只有6家达到这一要求。在一定程度上，就是由于这种挂靠状况导致鉴定站编制被挤占，挪作他用，致使专职鉴定人员流失、队伍不稳，制约了文物出境审核工作的健康发展。

2005年12月，国务院下发了《国务院关于加强文化遗产保护的通知》，从对国家和历史负责的高度和维护国家文化安全的高度再次强调了文化遗产保护的重要性。具体到文物进出境工作，明确提出要“严格执行文物出入境审核、监管制度，加强鉴定机构队伍建设，严防珍贵文物流失”。

结合国务院通知精神，针对文物出境鉴定站存在的上述问题，提出以下几点具体建议，恳请中央机构编制办公室给予关注并研究支持。

（一）明确鉴定站执法性事业单位性质

鉴于各鉴定站是代表国家行使文物出境许可的行政职能，因而在管理上应该参照公务员管理，财务上实行全额拨款，以确保出境审核工作的客观性、公正性。对于个别差额拨款和自收自支的鉴定站，地方政府应给予高度重视，在经费、编制上大力支持，尽快促成其转成全额拨款事业单位。

根据中共中央、国务院《关于深化文化体制改革的若干意见》的精神，按照政事分开，事业单位和行政机关不得相互混岗的要求，改变过去挂靠在文物局、博物馆的状况，成为独立法人事业单位，独立开展业务工作。

（二）进一步理顺鉴定站管理体制

在具体管理模式方面，可以借鉴海关的垂直管理模式，国家文物局对各鉴定站实施垂直管理。鉴定站同海关有着密切工作关系，工作性质、任务都很相似。海关的隶属关系不受行政区划限制，各地海关依法独立行使职权，向海关总署负责。这种体制对保证鉴定站依法独立、客观、公正地开展工作将会起到积极的作用。

（三）清理、整顿各站编制情况，充实专职鉴定人员

地方政府对各鉴定站编制配备情况应高度重视、大力支持，切实解决鉴定站编制不足的问题。同时，各地要对鉴定站编制被挤占挪用情况进行清理、整顿，坚决杜绝挤占挪用的现象，认真落实《文物保护法实施条例》关于5名责任鉴定员的要求，加大人才培养力度，建立一支稳定的、具有良好职业道德和业务素质的专业队伍，做好文物进出境审核工作。

关于完善涉及文化遗产保护的重大工程建设项目的审批制度的提案[①]

（2006年3月）

文化遗产保护是全社会的共同事业。在国家的倡导和鼓励下，目前，社会力量以多种形式参与文化遗产保护，文物工作的社会环境进一步改善，以国家保护为主、动员全社会共同参与的文物保护新体制正在形成。但是，随着全球化趋势和现代化进程的加快以及社会主义市场经济体制的确立，我国的文化生态发生了巨大变化，文化遗产保护面临新的形势和问题。

20世纪80年代以来，随着中国经济的迅猛发展，各类建设活动此起彼伏，给我国的文化遗产保护工作带来了巨大挑战。如何开展大型基本建设工程中的文物保护工作，《中华人民共和国文物保护法》第二十九条有明确规定：进行大型基本建设工程，建设单位应事先报请省、自治区、直辖市人民政府文物行政部门组织从事考古发掘的单位在工程范围内有可能埋藏文物的地方进行考古调查、勘探。考古调查、勘探中发现文物的，由省、自治区、直辖市人民政府文物行政部门根据文物保护的要求会同建设单位共同商定保护措施；遇有重要发现的，由省、自治区、直辖市人民政府文物行政

① 此文为在全国政协十届四次会议上的提案，联名提案人：董良翚 吴雁泽 李谷一 徐庆平 赵喜明 阿拉泰 张贤亮 王兴东 盛中国 魏明伦 张平 李致忠 王铁城 赵汝蘅 陈燮阳 冯小宁 黄宏 敖德木勒 姚珠珠 龙瑞 李羚 罗天婵 赵青 莫德格玛 吴江 王铁成 袁熙坤 张文彬 夏燕月 安家瑶 樊锦诗 苏士澍 周天游 盖山林 李双江 鲍国安 陈滋渝 克里木 王馥荔 叶惠贤 李延声

部门及时报国务院文物行政部门处理。

但是由于目前涉及文化遗产保护的重大工程建设项目的审批制度不够完善，有的地方政府和部门法制观念不强，片面强调经济建设的重要性，忽视文化遗产保护工作，没有把文化遗产保护工作作为工程建设项目的一个重要组成部分，文物部门很难参与工程项目的立项审批过程，只能被动地配合工程开展考古和文物保护工作。在各地的铁路、高速公路、大型基础设施、水库等工程建设中，由于文物部门的合理意见未被及时采纳，一些重要文化遗址在工程实施中遭到破坏。例如在呼集老高速公路设计时，事先未考虑避让文化遗址，而是设计为公路从内蒙古元代集宁路古城穿过。通过考古发掘，在集宁路古城遗址获得了重要的考古发现，古城具有重要文物价值和历史价值，但是由于种种原因工程建设部门仍未能考虑文物部门意见，未能修改设计方案而避让遗址，致使集宁路古城遗址及其完整性遭到了极大破坏，造成了不可弥补的损失。同样由于审批机制的问题，工程建设和管理部门在工程立项、项目建设书审批阶段与文物部门沟通不够，也给工程本身带来很大损失。如 2002 年文物工作者在黑龙江绥满高速公路工程范围进行考古发掘时，于阿城市东郊刘秀屯发现了宋金时期规模最大的宫殿遗址——金上京朝日殿遗址，但此时高速公路已经修建到了该宫殿遗址两侧，工程建设部门被迫修改高速公路设计方案避让文物遗址，使工程付出了相当大的代价。回顾三峡工程、南水北调工程中的文化遗产保护工作情况，虽然我们取得了很大成绩，但是同时更应该看到，由于文物部门的前期参与机制不够健全，致使后期文物抢救任务繁重、时间紧迫、经费紧张等问题随之产生，这都直接影响了文化遗产保护工作的顺利进行。

南水北调文物保护工程唐县北放水遗址

我国政府重视文化遗产保护事业，最近国务院发布《国务院关于加强文化遗产保护的通知》，要求改进和完善重大建设工程中的文化遗产保护工作，严格执行重大建设工程项目审批、核准和备案制度。凡涉及文物保护事项的基本建设项目，必须依法在项目批准前征求文物行政部门意见，在进行必要的考古勘探、发掘并落实文物保护措施以后方可实施。

文化遗产保护工作是大型建设工程的重要组成部分，做好工程中的文物保护工作不仅对于抢救保护我国的文化遗产、确保建设工程的顺利实施具有重要的意义，而且也是现代文明工程的重要标志。为协调处理好工程建设和文化遗产保护的关系，建议国家发展与改革委员会根据《中华人民共和国文物保护法》和《国务院关于加强文化遗产保护的通知》精神，结合工程建设的情况，尽快建立健全涉及文物保护的重大工程建设项目的审批制度，将文物保护影响评估纳入重大工程建设项目的审批程序之中。凡涉及文物保护事项的工程建设项目，必须在项目立项之前征求文物行政部门的意见。根据工程项目的深度开展相应的文物保护工作，项目计划实施之前，必须给文物部门预留合理的工作时间，开展必要的考古勘探、发掘并落实文物保护措施，使文化遗产保护工作真正纳入并参与到建设工程的全过程，达到文化遗产保护和工程建设双赢的局面，为构建社会主义和谐社会作出应有的贡献。

在纪念《西安宣言》发表一周年国际学术研讨会上的主旨报告

（2006年10月20日·陕西西安）

近年来，中国文化遗产保护根据实际需要，提出了“大遗址”这一重要概念，用于专指文化遗产中规模大、价值突出的文化遗址，大型古代城市遗址是其中的重要组成部分。中国目前已知的地上地下不可移动文物有近40万处，其中列入全国重点文物保护单位的2351处。据调查统计，在全国重点文物保护单位中共有大型古代城市遗址239项，占10.2%。中国的大型古代城市遗址具有年代悠久、分布广泛、数量众多、类型复杂等特点，集中代表了我国古代城市文化的丰富内涵和发展的历史轨迹，是中国文化遗产资源的精髓部分。

近年来，古迹遗址周边环境的迅速改变正在对文化遗产的文化价值构成巨大的威胁，引起国际社会的普遍重视。2005年“国际古迹遗址日”的主题就是“背景环境中的古迹遗址”。2005年10月召开的国际古迹遗址理事会第15届大会又把“关于历史建筑、古遗址和历史地区环境的保护”作为研讨主题。《西安宣言》强调对文化遗产及其环境整体保护的理念。

一、大型古代城市遗址保护的战略意义

路易斯·孟福德（L.Mumford）说：“世界名都大邑之所以能成

功地支配各国的历史，是因为这些城市始终能够代表他们的民族和文化，并把绝大部分流传及后代。”大型古代城市遗址是各个国家和民族文明发展历程的集中体现。世界各国都将其列为本国文化遗产保护的重中之重，一些重要的大型古代城市遗址还被列入了世界文化遗产名录。

大型古代城市遗址包含内容涉及政治、宗教、军事、科技、农业、建筑、交通、水利等方方面面，具有规模宏大、价值突出的特点，其丰富的文化内涵是其他文物古迹所无法比拟的。几十年来，考古发掘出土的大型古代城市遗址中的城墙、城门、宫殿、宗庙、邸宅、作坊、池苑、墓葬等各类遗址和数量众多的文物，对古代历史的研究发挥了重要作用。

二、当前大型古代城市遗址保护存在的主要问题

（1）遗址外部环境威胁加剧。在当前城市化加速进程中，大型古代城市遗址保护与城乡建设的矛盾异常突出。随着城镇建设用地迅速扩大，处于不同背景环境中的大型古代城市遗址，均面临着不同程度的破坏威胁。

（2）遗址内部环境持续恶化。大型古代城市遗址内居住人口持续增加，人们的生产生活与保护之间的矛盾越来越尖锐。同时，遗址内违法建设屡禁不止，环境脏乱，严重污染文化遗产本体和破坏生存环境。

（3）农民生活与保护矛盾突出。世世代代生活在大型古代城市遗址内的农民，为了谋求生活的改善，在遗址内搭棚建屋、打井造园、饲养家畜、挖塘育藕、种植林木等，导致遗址夯土流失、城墙倾倒、河道淤平。

（4）保护管理方式亟待改进。在大型古代城市遗址的保护管理上，普遍存在重地面文物的保护、轻地下文物的保护，重特殊地段的保护、轻整体环境的保护，重遗址的开发利用、轻遗址的保护管理等现象。

三、大型古代城市遗址保护的宝贵经验

近年来，高句丽遗址、殷墟遗址成功列入《世界遗产名录》，说明中国这一领域的保护已经进入国际视野。在此背景下，我国近几年加强了对大型古代城市遗址保护的探索与实践。

探索与实践之一：高句丽王城是中国东北地区的大型古代城市遗址之一。近年来，通过编制保护规划，加大了保护整治力度，妥善安置居民和单位，拆除占压遗址的建筑，净化了遗址的环境。

探索与实践之二：殷墟是第一个有文献记载并经考古发掘所证实的商代晚期都城遗址。通过开展保护整治，探索多种形式的遗址展示方式，建设遗址博物馆，形成大型古代城市遗址公园。

探索与实践之三：大明宫是中国古代规模最为宏大的宫殿区。通过加强考古调查,对周边环境进行整治,实施遗址妥善保护和展示,为建设大型古代城市遗址公园打下了基础。

上述保护的探索与实践，对我们开展大型古代城市遗址及其背景环境的保护具有重要借鉴意义，同时对带动全国其他类型的“大遗址”及大型文化遗产的全面保护具有重要示范作用。

四、关于大型古代城市遗址整体保护的思考

目前，大型古代城市遗址及其背景环境的保护面临不断加剧、更加尖锐的挑战，保护工作也呈现综合性、复杂性的特点，需要我

们重新思考和定位其保护模式和管理方式。

（1）树立保护规划先行的理念。大型古代城市遗址背景环境的保护，是综合性最强、经费需求最多以及受社会发展和人口、资源、环境影响制约最明显的内容。因此，必须纳入城市总体规划、城镇体系规划。针对每一处大型古代城市遗址的保护也必须编制专项保护规划和制定专项保护政策，使保护与当地经济和社会发展进行有效的、科学的、合理的统筹协调，实现其价值的完整保护。

（2）实施遗址环境的整体保护。对于不同背景环境的大型古代城市遗址，应采取不同的保护方法和控制方式。如对于位于城市中的遗址来说，应利用地形的差异、道路的分割或规划绿化带，与城市建设之间缓冲过渡。对于位于城市环境以外的大型古代城市遗址，更应追求环境与遗址文化价值的和谐，周围苍莽的山势、辽阔的原野、一望无际的农田，都是极好的环境衬托，必须制止各种人为破坏。

（3）发挥专项保护资金的综合效益。专项资金的使用应突出重点。向具备实施保护整治条件、当地政府有开展保护整治决心的保护项目倾斜，争取更多的地方配套资金，以解决更多的大型古代城市遗址的保护整治问题。在保护整治中力求整治一处、保护一处，避免保护整治后出现反弹，彻底解决保护工作中长期存在的反复投入、反复恶化的问题，使文物保护、环境改善和民众生活水平提高协调起来。

（4）使城市和民众受惠于保护。要统筹兼顾遗址保护与当地民众发展生产、改善生活的关系问题。实现将二者在空间上分开，即将大型古代城市遗址在原地妥善保护，将居民和企事业单位在遗址外妥善安置。必须通过保护的成果证明，大型古代城市遗址能够成为城市中最美丽的地方，成为改善人们生活中环境价值最大的地方，成为推动社会进步、经济发展、生活改善的动力和资源。

迦太基遗址

（5）加强大型古代城市遗址考古工作。每个古代城市都有自己的发展特点，是文化遗产中最宝贵的部分。特别是唐宋以后，这些城市的位置基本固定，成为“重叠式的城市”。虽然历代都有变化，城市的基本形制和布局很难改变。大型古代城市遗址应作为考古工作的重点，在全面开展考古调查的基础上，划定地下文物埋藏区，并向社会公布。凡在区内进行建设活动，必须先期开展考古勘探、发掘和保护工作。

（6）探讨遗址保护展示的科学途径。19世纪以前，西方许多大型古代城市遗址都处在全部或部分被掩埋的状态，不少遗址都是在重新发掘清理之后才得以重见天日。为此，《威尼斯宪章》确定了基本原则，其中一条的主要内容是“保持它们的整体性”和“用恰当的方式清理和展示它们”。鼓励公众对考古工作产生兴趣，并使他们分享有关的考古成果，欣赏和认识考古新发现是不可回避的社会责任。这就要求我们积极研究符合大型古代城市遗址特点的展示方式。遗址环境总体氛围的设计十分重要。要根据不同的地理位置和文化内涵探索适宜的展示方式。如采取护栏保护法、覆土封闭保护法、建棚保护法等方式对遗址进行科学展示。

八连城遗址

（7）重视遗址博物馆的建设。大型古代城市遗址应在遗址附近或周边区域内设置遗址博物馆，并多功能利用，在发挥藏品保管、研究、展示等基本功能的同时，可以兼顾考古工作站和小型游客中心的功能。对遗址博物馆的选址应尽量靠近遗址现场，与遗址形成统一整体，便于参观；同时又不应暴露于遗址现场视线范围内，影响景观。因此，一般应布置于接近遗址区的隐蔽处。

（8）建设大型古代城市遗址公园。考古遗址公园是指在考古遗址保护范围和缓冲区内建立的，与遗址本体及周边环境景观和谐一致的，兼具遗址保护、文物展示、科学研究、社会教育、娱乐休闲等多种功能的园区。大型古代城市遗址公园将遗址保护与生态环境保护相结合，使这些遗址成为城市绿色的“肺”和“肾”，给市民带来新鲜氧气和湿润清风的同时，提供文化交流和陶冶情操的场所。我国西安、洛阳等古都均遗存有众多大型古代城市遗址，如实施整体保护，可以在城区、近郊区形成蔚为壮观的大型古代城市遗址公园带，将更加有利于提升这些城市的文化形象。

关于尽快制定颁布《博物馆条例》的提案[①]

（2007年3月）

新中国成立以来，特别是改革开放以来，随着经济、社会的全面进步，在党和政府的重视和关怀下，我国博物馆事业进入了全新的发展阶段,已初步形成了具有中国特色的比较完整的博物馆体系。当前，博物馆在宣传中华民族优秀传统和美德，陶冶民众思想道德情操，增强民族自豪感和归属感，促进和谐社会的形成等方面都起着极其重要的作用。

尽管博物馆工作取得了一些令人振奋的成绩，但是面对全球化背景下保护民族文化遗产的紧迫性，面对市场经济条件下全面建设小康社会的新形势，面对公众日益增长的精神文化需求，博物馆事业在发展中还有一些亟待解决的矛盾和问题。主要是：性质定位不清晰，保护管理水平滞后；社会化水平较低，办馆主体单一；博物馆地区发展不平衡、品类发展不平衡；博物馆藏品来源匮乏；藏品建档、分级和备案管理工作不完善等。

上述问题的解决和博物馆事业的进一步发展需要有完善的法制保障。为了加强对博物馆事业的管理，完善相关法律制度，我国先

① 此文为在全国政协十届五次会议上的提案,联名提案人：樊锦诗　陈漱渝　安家瑶　刘庆柱　梁从诚　杨力舟　夏燕月　赵汝蘅　艾青春　董良翚　克里木　敖德木勒　李延声　舒乙　冯骥才　靳尚谊　徐庆平　李燕　张平　杨匡满　陈祥福　李谷一　潘震宙　叶惠贤　阿拉泰　李致忠　陈晓光　翟泰丰　张贤亮　王洪华　王兴东　魏明伦　汪毅夫　杨一奔　贺捷生　麻建国　于友先　赵宝江　漆林　李羚　谢经荣

后制定了《事业单位登记管理暂行条例》《民办非企业单位登记管理暂行条例》《公共文化体育设施条例》等相关法律法规。为保障博物馆事业的法制统一，2005 年我国又制定发布了《博物馆管理办法》，专门从博物馆的设立、年检与终止以及藏品的管理、展示与服务等方面进行法律指导和保障，这些极大地促进和推动了我国博物馆事业的发展。

中国古代建筑馆

根据《立法法》《规章制定程序条例》等法律法规，《博物馆管理办法》作为一项部门规章，规定的事项应当属于执行法律规定或者国务院行政法规、决定、命令的事项，对历史上形成的一些根本性的问题和困难没有涉及，因此影响了贯彻实施的效果。考虑到博物馆建设牵涉的范围很广，涉及的体制问题和矛盾较多，《博物馆管理办法》限于法律层级已不能满足现实发展的需要，主要表现在以下几个方面。

（1）由于历史原因，我国博物馆建设过程中一直存在管理系统复杂、主体界定不明确的问题，管理体制较混乱。有必要借鉴国际条约和国外立法的普遍做法制定《博物馆条例》，使其涵盖各系统各部门所有的博物馆。同时，《博物馆管理办法》作为部门规章，无权新设行政许可事项，所以无法对现实中亟须解决的馆藏文物修缮等事项设立主体资质要求。

斯德哥尔摩诺贝尔博物馆

（2）博物馆经济保障体系的建立是博物馆建设中一个核心的问题。由于经济保障政策涉及税收减免、接受捐赠、门票价格以及设立基金等措施，这些往往需要国家发改委、财政部等部门参与，单单一个部门规章不可能对此作出有实际意义的规定。因此，《博物馆管理办法》作为一项部门规章，在博物馆经济保障体系的建立方面所能起到的作用非常有限。

（3）鼓励各种社会力量参与博物馆建设是当前博物馆工作的

关于推动我国加入《保护水下文化遗产公约》的提案[1]

（2007 年 3 月）

重要指导思想。《博物馆管理办法》限于效力层级，只能就法律、法规已有的内容作出具体规定。因此只是规定了非国有博物馆的概念，对非国有博物馆具体的设立、管理和支持未能作出有直接指导意义的规定。

（4）藏品退出机制是博物馆建设中一个不容回避的问题。关于国有博物馆藏品的退出，《文物保护法》明确规定要由国务院另行制定。但是要建立真正行之有效的，既有利于文物保护又有利于博物馆建设和发展的藏品退出机制，必须要通过制定《博物馆条例》来实现。

当前，博物馆立法的滞后已经严重制约了我国博物馆事业的进一步发展。因此，尽快制定《博物馆条例》，加强规范管理和引导扶持，已经成为我国当前博物馆工作中的一项迫切任务。针对上述情况，建议由国务院法制部门组织各相关部门，积极协调，尽快制定、颁布《博物馆条例》。

《保护水下文化遗产公约》（以下简称《公约》）是联合国教科文组织在文化遗产保护方面制定的第四项国际公约，于2001年联合国教科文组织第三十一届会议表决通过，我国投了赞成票。

白鹤梁水下博物馆

《公约》共32条，包括水下文化遗产的界定、保护和开发原则，各缔约国享有的权利和应履行的义务，和平解决争端等内容。《公约》另有附则《有关开发水下文化遗产之活动的规章》，明确了开发水下文化遗产活动的一般原则、程序和技术要求。该《公约》自收到第20份申请文书三个月后生效，目前巴拿马、保加利亚、克罗地亚等13个国家已提出申请，其中12个国家正式加入该《公约》。

我国是一个海洋大国，拥有18400多千米长的海岸线以及300多万平方千米的领海和管辖海域。在我国的领海、内水和管辖海域内埋藏着大量文物，具有很高的历史、科学和艺术价值，在维护国家主权、解决领土争端中能够发挥不可替代的重要作用。随着我国开发、利用海洋资源的步伐加快，水下文化遗产的保护和研究工作也提上议事日程，国家投入大量人力、物力，加快开展水下文化遗产保护的相关工作。目前，我国已制定了“十一五”水下考古科研项目规划，逐步开展沿海水下文化遗产的普查工作，并于近期组织实施南海I号沉船遗址的整体打捞。但是，受到经济利益的驱使，我国领海、内水和管辖海域内的大量水下文物也面临被盗捞、破坏和非法贩卖的危险。1999年，在南中国海打捞了一艘大型中国帆船，被称为“中国的泰坦尼克”，寻宝者从船上获得30万件瓷器。2005、2006年福建“碗礁1号”和“大练岛”沉船遗址被当地渔民发现后，均不同程度遭到盗捞和破坏。面对水下文化遗产保护的新情况与新问题，我国应加强与国际组织间的联系，增加水下文化遗产保护和研究的投入，健全有关法律、法规体系，规范水下文物保护活动，尽快实现与国际接轨。

加入《公约》有利于遏制以买卖、占有或交换水下文化遗产为目的的开发活动，有利于我国参与国际海域中水下文化遗产的保护和研究工作。近年来，海上丝绸之路沿线海域多次发现中国沉船或载有中国货物的外国沉船，因其多在国际海域或他国领海范围内，我国难以参与保护和研究工作。1998年，德国人沃特法在印尼海域发现阿拉伯沉船“黑石号”，船上载有6万余件我国中晚唐时期的珍贵文物。因其发现于印尼海域，我国无法参与其发掘和保护工作，这批珍贵文物最终以高昂的价格被新加坡人购得。如我国加入《公约》，则可作为文化、历史和考古起源国提出意愿，与有关国家共同协商遗址的保护、研究和开发活动。同时，《公约》中“和平解决争端”的方式与我国协商解决国际争端的一贯立场一致。即使协商不成，仍可交由联合国教科文组织进行调解。随着以商业目的开发水下文化遗产的活动增加，在特殊情况下，有必要采取仲裁等强制性方式解决国际争端，遏制海上大国盲目开采与我国有关的水下文化遗产而我国无力参与的现象发生。

加入《公约》有利于提高我国水下文化遗产的保护和研究水平。我国自1987年成立专业水下考古研究机构，经过近二十年的发展，在人员素质、设备力量、队伍建设等方面都已初具规模。但因我国水下考古工作起步晚，所需经费投入大，目前还无法满足实际工作的需要。如我国加入《公约》，可通过与各缔约国间互助合作的方式培训水下考古和水下文化遗产保护的专业人员，引进国际先进技术和保护理念，提高我国水下文化遗产的保护和研究水平。

我国作为文化遗产大国，应主动承担起保护水下文化遗产的国际责任，推动《公约》施行，在文化遗产保护方面树立我国形象。这既符合我国的国家利益，也与我国的外交政策和外交原则相一致。因此，我认为加入《公约》的时机已经成熟，建议我国申请加入该《公约》。希望中国联合国教科文组织全国委员会、外交部、国务院法制办公室和国家海洋局等有关部门就《公约》文本所涉及的法律问题、适港澳程序问题、文本翻译问题、加入《公约》后的影响等进行讨论和研究，促进我国早日加入《保护水下文化遗产公约》。

关于落实文物保护奖励制度的提案[①]

（2007年3月）

文化遗产保护作为一项利在当代、功在千秋的社会公益事业，需要动员广大民众积极参与。许多珍贵文物的第一发现者和第一时间保护者都是普通民众。如果民众缺乏文物保护意识，没有采取基本的保护措施，这些文化遗产就可能无声无息地被破坏甚至毁灭。因此，需要制定和积极通过奖励机制调动社会各界的积极性。《文物保护法》第十二条明确规定了八种由国家给予奖励的事迹。其中包括：认真执行文物保护法律、法规，保护文物成绩显著的；为保护文物与违法犯罪行为作坚决斗争的；将个人收藏的重要文物捐献给国家或者为文物保护事业作出捐赠的；发现文物及时上报或者上交，使文物得到保护的；在考古发掘工作中作出重大贡献的；在文物保护科学技术方面有重要发明创造或者其他重要贡献的；在文物面临破坏危险时，抢救文物有功的；长期从事文物工作，作出显著成绩的等。法律关于文物保护奖励的规定得到了各界的广泛支持，产生了良好的社会影响。

我国广大民众是有觉悟和讲感情的。近几年来，连续发生在宝

① 此文为在全国政协十届五次会议上的提案，联名提案人：樊锦诗　安家瑶　陈漱渝　刘庆柱　梁从诫　夏燕月　赵汝蘅　艾青春　克里木　敖德木勒　李延声　舒乙　冯骥才　靳尚谊　徐庆平　李燕　张平　王兴东　杨一奔　杨匡满　陈祥福　李谷一　董良翚　潘震宙　叶惠贤　阿拉泰　李致忠　陈晓光　翟泰丰　张贤亮　王洪华　魏明伦　汪毅夫　贺捷生　于友先　赵宝江　漆林　谢广祥　谢经荣　麻建国　李羚

鸡地区的一幕幕动人心弦的事实就充分证明了这一点。2003年1月19日，陕西省宝鸡市眉县杨家村王宁贤等5位农民在取土时意外发现一处西周青铜器窖藏，妥善保护并及时报告当地文物部门。后经专家考证，这批青铜器每件都有铭文，创造了全国同类发现的多项第一，被评为2003年度“全国十大考古新发现”。这一事迹传遍了全国，受到社会的广泛关注，国家有关部门依照法律规定给予了表彰奖励。国家奖励文物保护先进事迹的行为本身也带来了极大的社会反响，许多媒体大量报道，社会舆论高度关注，广大民众深受鼓舞，积极参与文化遗产保护的感人事迹不断涌现。宝鸡市的农民群众以王宁贤等人为楷模，以保护文化遗产为荣耀，在2003年至2006年的短短4年中，在同一地区又连续出现了11批农民群体在生产劳动中发现文物后，自觉报告文物部门或上交国家的典型事例。一次次令人们兴奋不已的不仅是那些出土面世的稀世珍宝，更是那些朴实无华的护宝农民群体，是他们的高尚行为铸就了震撼人心的“农民护宝精神”。

另一件民众自发保护文物的感人事迹，发生在年人均收入不足700元的极其贫困的贵州省黎平县地坪乡，当2004年7月20日一场百年未遇的洪水咆哮着冲毁全国重点文物保护单位地坪风雨桥时，当地数百名群众竟自发地跃入洪水，拼死打捞风雨桥构件，三天三夜的奋争，从贵州打捞到广西，抢救回75%以上的风雨桥构件，使风雨桥如今得以重建，上演了一幕我国文化遗产保护史上的壮举，国家有关部门也依照法律规定给予了表彰奖励，进一步动员广大民众自觉保护文化遗产。

目前，符合法律规定应当给予奖励的文化遗产保护先进事迹正在全国各地不断涌现，国家应当落实《文物保护法》规定的文物保护奖励制度，对他们给予奖励，以进一步形成全社会参与文化遗产保护的良好社会环境。然而，由于国家财政没有文物保护奖励专项经费，奖励先进事迹的工作始终没有能够形成定制，法律规定的文物保护奖励制度始终没有得到落实。这不利于文化遗产保护事业的发展，也不利于国家法律的贯彻实施。

“民众的参与是最好的保障”。今天，珍惜和保护文化遗产的境界与能力，已成为国际社会对国民素养的评价标准之一。文化遗产保护需要文物工作者和文物管理部门以“守土有责”的精神承担起庄严使命，更需要广大民众的积极支持与配合。保护文化遗产不仅是各级政府和专家学者的责任，也是每一个公民应该担负起来的责任，更是亿万民众的共同责任。民众既是文化遗产的创造者，也是文化遗产的主人。长期以来，我国政府是最强有力的保护主体，“自上而下”的保护机构和行动贯穿于文化遗产的保护事业之中。相比之下，调动民众的积极性，加强文化遗产的保护，早已成为世界各国的普遍做法。特别是一些发达国家，在政府的引导下，民间力量对文化遗产保护发挥着越来越重要的作用。

为尽快改变这种现象，建议请国家财政部门设立文物保护奖励专项经费，并指导国家文物部门研究制定文物保护奖励专项经费的管理使用办法，动员部署全国性的文物保护奖励工作。

关于加强文物进出境审核机构建设的提案①

（2007 年 3 月）

对进出境文物进行审核是我国文化遗产保护事业的重要组成部分。《文物保护法》规定，文物进出境由“国务院文物行政主管部门指定的文物进出境审核机构审核”。2005 年 12 月，国务院下发的《国务院关于加强文化遗产保护的通知》中，从对国家和历史负责以及维护国家文化安全的高度，再次强调“严格执行文物出入境审核、监管制度，加强鉴定机构队伍建设，严防珍贵文物流失”。

目前，经国家文物局授权，北京、天津、上海、广东、福建、江苏、浙江、云南、辽宁、山东、安徽、四川、陕西、山西、河北、河南、湖北等 17 个省、市设有国家文物出境鉴定站，在协助海关开展文物进出境审核中发挥了国门和关口的作用，为防止国家珍贵文物非法出境作出了重要贡献。同时，在工作中也暴露出了各文物进出境审核机构性质不够明确、基础条件薄弱、经费短缺、编制匮乏以及部分省、自治区、直辖市尚未组建文物进出境审核机构等问题。如国家文物出境鉴定山西站作为差额拨款单位，年度财政拨款仅 10 万元左右，每年仅人员工资一项就缺口 16 万多元；文物进出境审核

① 此文为在全国政协十届五次会议上的提案，联名提案人：樊锦诗　安家瑶　陈漱渝　刘庆柱　杨力舟　夏燕月　赵汝蘅　艾青春　董良翚　克里木　李延声　舒乙　冯骥才　靳尚谊　徐庆平　李燕　张平　杨匡满　王兴东　杨一奔　李谷一　潘震宙　叶惠贤　阿拉泰　李致忠　陈晓光　麻建国　张贤亮　王洪华　魏明伦　汪毅夫　贺捷生　于友先　赵宝江　漆林　谢广祥　陈祥福　陈勉　谢维和　李羚

量每年都在 10 多万件的北京站，财务上至今仍是自收自支，要靠出境鉴定收费来维持工作的开展，损害了行政执法工作的严肃性、权威性和公正性。其他一些省、市的鉴定站，有的挂靠在文物局、文管会，有的挂靠在博物馆，或与其他单位合署办公，没有专门的编制。全国 17 个鉴定站中，仅广东、福建、浙江、安徽、四川、河南、河北等 7 个鉴定站是独立法人的全额拨款事业单位。这在一定程度上导致鉴定站编制被挤占、挪用，专职鉴定人员流失，职工队伍不稳，制约了文物进出境审核工作的健康发展。

为进一步落实国务院《通知》精神，针对文物进出境审核机构存在的上述问题，结合目前正在进行的文化体制改革，现提出以下两点建议，恳请中央机构编制及人事、财政等有关部门给予关注并积极支持。

广东海上丝绸之路博物馆

（一）各文物进出境审核机构应为行政执法机构，其工作人员应参照公务员进行管理

根据《文物保护法》及其《实施条例》的有关规定，文物进出境审核机构是受国家文物局指定，代表国家文物行政部门行使管理职责，依法处理文物进出境审核的行政许可事项，并配合海关等执法机构实施相关行政处罚，属于《行政许可法》《行政处罚法》等行政法规中所规定的“法律、法规授权的具有管理公共事务职能的组织”，其专业人员相当于公务员中专业技术类职位。2006 年，中共中央、国务院印发的《关于深化文化体制改革的若干意见》指出，“推进文化事业单位改革，要根据现有文化事业单位的性质和功能，区别对待、分类指导”。根据《意见》的精神，考虑到文物进出境审核机构的行政执法的性质，建议将其转为行政编制，实行或参照实行公务员制度进行管理，在编制上予以充分的保障。尤其是计划新组建文物进出境审核机构的省、自治区、直辖市，更要在编制上予以大力支持，确保文物进出境审核工作的正常开展。

（二）中央、省级两级财政应加大经费投入力度

尽管国家文物局 2006 年从国家重点文物保护专项经费中划拨了部分经费用于支持文物进出境审核机构的业务工作，但从各省情况来看，经费投入力度仍显不足。各省、自治区、直辖市财政部门应对文物进出境审核机构实行全额拨款，保证必要的办公场所、人员经费和业务支出。对于个别差额拨款和自收自支的审核机构，地方政府应给予高度重视，在管理体制、基础设施和经费上大力支持，尽快促成其转成全额拨款单位，维护审核工作的严肃性、公正性和客观性。同时，中央财政应设立专项经费，加大专项投入，保障文物进出境审核工作的正常开展。

关于加强基层义务文物保护员队伍建设的提案[1]

（2007 年 3 月）

广泛动员民众参与文化遗产保护，增强文化遗产所在地民众的文化自豪感，提升全民文化遗产保护意识，是文化遗产保护工作的重要目标。为此，努力建设基层义务文物保护员队伍一直是文化遗产工作的重要任务。1956 年，国务院颁布的《关于在农业生产建设中保护文物的通知》中的第一条就是要求文物保护工作不能仅仅依靠政府，而是要“加强领导和宣传，使保护文物成为广泛的群众性工作”，并且提出了要建立群众性文物保护小组的要求。20 世纪 60 年代和 80 年代，我国的基层义务文物保护员队伍建设取得过骄人的成绩。在各地财政部门的大力支持下，文物行政部门精心组织、积极协调，全国数万基层义务文物保护员在专家指导下，活跃在旷野田间和城市角落，巡查文物安全状况，宣传文化遗产知识。许多大型古代遗址和文物建筑能够保存至今，许多地区的民众具有较强的文化遗产保护意识，基层义务文物保护员队伍作出了重要历史贡献。

自 20 世纪 90 年代以来，基层义务文物保护员队伍受到了很大冲击。复杂的原因中有两点是最为主要的：一是地方政府和管理部

① 此文为在全国政协十届五次会议上的提案，联名提案人：樊锦诗　陈漱渝　安家瑶　刘庆柱　梁从诚　杨力舟　夏燕月　赵汝蘅　艾青春　董良翚　克里木　李延声　舒乙　冯骥才　靳尚谊　徐庆平　李燕　张平　王兴东　杨一奔　李谷一　潘震宙　敖德木勒　叶惠贤　阿拉泰　李致忠　王铁城　陈晓光　翟泰丰　麻建国　张贤亮　王洪华　魏明伦　汪毅夫　杨匡满　贺捷生　于友先　赵宝江　漆林　李羚　陈祥福

门轻视了对这支队伍重要性的认识；二是广大基层义务文物保护员的激励机制受到破坏。基层义务文物保护员队伍受到很大冲击造成的后果是严重的：一是许多地处偏远的重要文物古迹因缺乏看护而受到损坏；二是当地民众对身边及周围的文化遗产的保护意识逐渐淡漠，致使大量田野文物迅速消失；三是全民以保护文化遗产为荣的社会环境得不到明显加强。

近年来，一些地方政府和文物部门重视基层义务文物保护员队伍建设工作，取得了不少明显效果。河北等地积极组织长城沿线农民成立长城义务保护员队伍，由省文物局组织协调，由县政府统一核发义务文物保护员证书，由县财政部门设立专项补助经费，由县文物部门指导具体业务。在这一机制下，许多地处偏远的长城段落得到了妥善保护。长城义务保护员们在务农的同时，积极看护长城，传播长城保护知识，经济收入也得到了适当提高。更为可贵的是，一些长城义务保护员因其卓有成效的工作而受到了当地村民的积极拥护和爱戴，以保护长城为荣的意识已经在一些地方形成社会风气，当地民风也更加醇正。国家立法部门充分注意到了长城义务保护员队伍对长城保护工作的重要意义。去年12月1日开始施行的《长城保护条例》就明确规定，地处偏远的长城段落，当地县级政府或者文物部门可以聘请长城保护员对长城进行巡查看护，并对长城保护员给予适当补助。通过立法建立长城保护员制度，必将极大推动长城保护工作。四川、云南、北京、浙江等地，对基层义务文物保护员队伍建设工作也进行了有益的探索。但是，由于没有中央财政专项经费的扶持，基层义务文物保护员队伍建设工作目前只能停留在局部探索阶段，远远没有发挥出应有的实际效能。

板厂峪长城

当前，努力践行科学发展观和构建和谐社会是各级政府和管理部门的重要使命。我们认为，总结历史经验教训，大力加强基层义务文物保护员队伍建设，是其中的重要环节，对保护文化遗产、促进社会和谐发展、全面提升民族素养，有极其重要的现实意义。为此，提出如下建议：

（1）请国家财政部门商国家文物行政部门，设立基层义务文物保护员专项补助经费，并研究制定专项补助经费的数额和管理使用办法；

（2）请国家文物行政部门视基层义务文物保护员专项补助经费设立情况，动员部署全国各地的基层义务文物保护员队伍建设工作；

（3）对为保护文化遗产作出突出贡献的优秀义务文物保护员及其组织管理单位，进行表彰和奖励。

在全国人大教科文卫委员会听取实施《中华人民共和国文物保护法》情况时的报告

（2007 年 3 月 23 日）

我代表国家文物局向全国人大教科文卫委员会汇报五年来实施《中华人民共和国文物保护法》的有关情况。

一、文物立法工作得到加强

《中华人民共和国文物保护法》的颁布实施，为新时期文物事业的发展奠定了坚实的法律基础。五年来，在国务院、文化部以及地方各级人大、政府的大力支持下，国家文物局和全国各地文物行政部门进一步加大了文物立法工作力度，文物保护的建章立制步伐明显加快，成果显著，为文物保护各项工作提供了坚实的保障。

（一）重视国家层面的文物法制建设

五年来，文物保护行政法规体系不断完善。国家文物局共出台了 23 个行政法规、行政规章和规章性文件。其中，行政法规 2 个，分别是《文物保护法实施条例》《长城保护条例》；行政规章 5 个，分别是《文物行政处罚程序暂行规定》《文物保护工程管理办法》《博物馆管理办法》《古人类和古脊椎动物化石保护管理办法》《世界文化遗产保护管理办法》；其他规章性文件 16 个，如《国家文物局突发事件应急管理办法》《文物保护科学和技术研究课题管理办法》《国家文物鉴定委员会管理规定》《中国文化遗产标志管理办法》《文物拍卖管理暂行规定》《全国重点文物保护单位记录档案工作规范》《国家文物局行政许可管理办法》《国家文物局行政许可项目说明》《文物保护科学和技术创新管理办法》《全国重点文物保护单位保护规划编制审批办法》《国家文物局重点科研基地管理办法》《文物保护行业标准管理办法》《文物出国（境）展览管理规定》《文物保护工程勘察设计资质管理办法》《文物保护工程施工资质管理办法》《大遗址保护专项经费管理办法》等。

（二）地方性文物保护立法步伐加快

五年来，各地方人大常委会和政府根据当地文物工作实际，也在积极推动地方文物行政立法工作。如《北京市实施〈中华人民共和国文物保护法〉办法》《四川省〈中华人民共和国文物保护法〉实施办法》《江苏省文物保护条例》《陕西省文物保护条例》《甘肃敦煌莫高窟保护条例》《承德避暑山庄及周围寺庙保护管理条例》《江苏省非物质文化遗产保护条例》等。文物保护的各项工作正逐步纳入制度化、规范化的轨道。

二、各项基础工作得到夯实

五年来，文物事业的各项基础工作得到进一步夯实，为文物事业取得长足进步打下坚实基础。

（一）文物资源调查建档工作取得成效

摸清文物家底，加强档案和数据库建设，是文物工作中非常重要的基础性工作。国家文物局高度重视全国文物资源的调查建档及数据库管理系统建设。目前，全国重点文物保护单位记录档案备案、全国博物馆一级文物藏品建档、全国重点文物保护单位保护状况调研和全国馆藏文物腐蚀损失调查等四项工作取得了阶段性成果，为科学实施国家重点文物保护项目的安排提供了有效的决策依据。

为了全面掌握不可移动文物的数量、特征、分布区域和保存现状、环境状况等基本情况，以利于科学制定保护政策和规划，提高保护管理整体水平，经报请国务院批准，国家文物局正部署开展第三次全国文物普查工作，目前试点工作已取得初步成效。

（二）文物安全暨文物行政执法工作进一步加强

文物安全工作是文物工作的基本保障。近年来，国家文物局大力推进文物安全防范工作,积极探索建立文物安全保障的长效机制，同时加强馆藏文物的安全防范工作，首都博物馆、山西博物院、重庆中国三峡博物馆等一批重点博物馆相继落成，大量珍贵文物的保管条件得到了改善。

为了落实《文物保护法》及相关法规、规章的规定，进一步规范行政执法行为，国家文物局近年来坚持将日常的行政执法工作和专项执法督察工作相结合，连续在全国范围内开展了文物行政执法专项督察活动。2005 年 6 月至 7 月，国家文物局组成 4 个行政执法督察组，分别对天津、河北、山西、辽宁、江苏、浙江、安徽、福建、陕西等 9 省市的 83 个文物博物馆单位进行了系统的文物行政执法检查工作。对几个严重违法的典型案例,采取了坚决而果断的整改措施。

2006 年 6 月至 7 月，国家文物局再次组成 4 个行政执法督察组，分别对安徽、广东、重庆、贵州、北京、河南、内蒙古、宁夏等 8 省市的 55 个文物博物馆单位进行了系统的文物行政执法检查工作。检查重点是法人违法导致的文物遭破坏行为，并对安徽、重庆、河南、内蒙古的 4 起严重违法事件进行了重点督察，依法提出了明确的整改意见。督察组同时还对各级文物行政部门执法工作的基本情况进行了检查和调研。

通过加强与公安、海关、工商等部门的协调配合，加大了防范和打击盗掘、盗窃、走私文物等犯罪活动的力度。国际打击文物犯罪活动的双边及多边合作工作也得到了明显加强，已经完成与意大利、印度等国签署的关于防止盗窃、盗掘和非法进出境文物的政府间双边协定。

2006 年 10 月至 12 月，国家文物局还组织检查组，对山东、河南和浙江等地“十五”期间国家文物保护专项补助经费使用情况进行了检查，并在检查结束后向三省有关部门印发了书面整改通知。各省对检查中发现的问题都进行了及时整改，专项补助经费使用的规范性、安全性和有效性得到进一步提高。

（三）机构建设工作抓紧进行

五年来，各地不断加强文物保护管理机构建设。目前，已有 21 个省、自治区、直辖市成立了副厅（局）级以上的文物局，一批地、县级市政府成立了文物局。为全面推动文物行政执法监督工作，国家文物局组建了执法督察处,并下发通知要求各地成立相应的机构。至今，全国各地已有省级文物行政执法专兼职机构 29 个。国家文物局陆续为这些机构配发了行政执法督察专用车辆。

（四）文物保护科技水平有所提高

国家文物局高度重视文物保护领域的科技创新和应用，编制印发了《文化遗产保护科学和技术发展“十一五”规划》，提出了行业科技发展的基本思路、指导思想和工作原则。组织开展了行业中长期科技发展规划战略研究工作，着力组织若干重大科技专项攻关项目。例如：指南针计划——中国古代发明创造的价值挖掘与展示，大运河整体综合性保护研究，中华文明探源综合研究，大遗址保护科技研究等。同时，支撑文物工作的科技成果显著，国家“十五”重点攻关项目“文物保护技术与中华文明探源预研究”顺利结项，在大木构件原址保护、金属器保护、纺织品保护等方面，攻克多项技术难题；20余项科技成果获得省部级以上奖励，“秦俑彩绘保护”获2004年度国家科技进步二等奖，19项成果获“文物保护科学和技术创新奖”；跨学科合作渐成风气，陕西秦始皇陵遗址区保护、西藏布达拉宫保护等工程综合运用考古、规划、生态、环境、地质、物理、生物、化学、农林等科学技术，取得了丰硕成果。国际合作进一步扩大，科学技术在文化遗产保护中的重要作用日益凸显。

（五）人才队伍建设进一步推进

人才队伍建设关系到文物工作的兴衰成败。五年来，各级文物行政部门认真贯彻实施人才强国战略，树立大教育、大培训的观念，大力加强人才资源开发和能力建设，在文物博物馆行业逐步推行持证上岗制度，加大对重点人才特别是中青年学科带头人和高层次复合型领导人才的培养力度。国家文物局连续举办了四期省级文物局局长、省级考古所所长、省级博物馆馆长和省级古建所所长培训班，举办了三期世界文化遗产保护管理机构负责人培训班，强化了学历教育和继续教育相结合的培训机制。多渠道联合办学的教育培训模式逐步成熟，涉外培训工作持续开展，一些文物保护国际先进经验和管理方法引入中国。

三、文物重点工作取得明显成效

（一）做好国家重大基本建设项目的文物保护工作

积极配合国家经济社会发展大局，围绕三峡建设工程、南水北调工程等国家重大基本建设项目做好文物保护工作，集中力量打歼灭战。三峡工程文物保护项目地下文物已勘探面积约为3 100万平方米，完成考古发掘任务180万平方米。地面文物完成留取资料项目169项，原地保护62项，实施搬迁保护132项。动员全国具有考古发掘资质的专业研究单位，全力支援南水北调工程文物保护，支持南水北调工程的顺利施工。南水北调东、中线一期工程计划实施文物保护项目160余处，全国文物部门统一协调、集中动员、全面参与，在保证建设工期正常进行的同时取得了一系列丰富成果，一些学术课题取得重要突破。

（二）文物维修保护力度加大

西藏布达拉宫、罗布林卡、萨迦寺三大重点文物保护主体工程进入收尾阶段。三大工程的顺利实施，对于保护和弘扬中华民族优秀传统文化，保障文物安全，加强民族团结，维护社会稳定都具有重要意义。根据国务院工作部署，启动实施了故宫中轴线两侧、午门等皇家文物建筑的维修工程。进一步完善山西应县木塔保护维修工程方案。完成了云冈石窟保护工程的水文地质勘察并进入方案设计阶段。2006年5月，在国务院正式公布第六批1080处全国重点文物保护单位后，国家文物局及时组织开展了第六批全国重点文物保护单位保护状况调查，制定了保护方案。

（三）大遗址保护工作全面启动

围绕规划编制、标准制定、本体保护、科技攻关及安防体系建设等各个环节，我国大遗址保护工作得到了切实加强。启动了《“十一五”期间大遗址保护总体规划》和100处国家重点大遗址规划纲要的编制工作。大力推进丝绸之路（新疆段）、西安地区大遗址、洛阳地区大遗址、渤海遗迹、大运河等重点示范项目的实施。

拉萨布达拉宫建筑景观

大同云冈石窟

（四）重视世界文化遗产的管理

我国已成功申报世界文化遗产 24 处、自然和文化混合遗产 4 处，居世界前列。目前，实施保护和管理世界文化遗产工作的重点是落实《世界文化遗产保护管理办法》的各项规定，建立和完善世界文化遗产监测机制和专家咨询机制。在继续做好世界文化遗产申报工作前提下，重新设定了我国世界文化遗产预备名单。

根据国务院批准的《2005—2014 年“长城保护工程”总体工作方案》，正式启动了世界遗产长城的保护工程。组织编制了《长城保护总体规划》，制定了《长城资源调查工作规范》《长城测量技术方案》等一系列标准规范。在河北、甘肃两省试点工作的基础上，全面展开了长城的系统调查。同时，与国家测绘局合作，正式启动了长城地理信息资源的航测调查工程。

（五）提升博物馆的社会服务功能

各级各类博物馆和其他文物开放单位积极落实“三贴近”要求，努力提升博物馆社会服务功能，推进博物馆等公共文化设施向未成年人等社会群体免费开放。在发挥文化普及功能、强化社会服务方面作出了重要贡献。各级各类博物馆每年陈列展览数量近 1 万个，观众 1.5 亿人次以上。近年来举办的“晋唐宋元书画国宝展”“承德避暑山庄 300 年特展”“古埃及国宝展”等文物精品展览，引起了社会的广泛关注。

（六）切实加强对社会文物的行业管理

发挥国家专项资金的带动作用，通过多种渠道继续积极争取流失海外文物回流。“国之重器”商代子龙鼎等一批流失海外珍贵文物被征集、收归国有文物收藏单位保管。加强了文物进出境审核机构的管理，依法对取得《文物拍卖许可证》的企业审核换证，实现了企业依法经营，自觉纳入国家审核管理规范轨道。

（七）积极开展文物对外交流

近年来，国家文物局分别与阿富汗、柬埔寨、意大利和越南等国的文化遗产部门签署了关于文化遗产保护合作的谅解备忘录，并通过对外实施文物修复援助项目，扩大了我国在文化遗产保护领域的国际影响。同时，积极扩展与各国文化遗产部门以及国际组织的合作，积极推动中外文物展览交流。文物外事工作融入国家外交大局，已成为文化对外交往中的重要组成部分，在世界的影响与日俱增。

（八）继续深入开展文物宣传工作

五年来，以《文物保护法》为核心，文物保护行政法规和地方性法规为主要内容的文物宣传工作继续深入开展。文物保护的理念在全社会逐步深入人心。2006 年 12 月，国务院发布了《关于加强文化遗产保护的通知》，明确提出了新时期我国文化遗产保护的指导思想、基本方针和总体目标。批准在全国设立“文化遗产日”。在第一个“文化遗产日”宣传活动中，全国各地精心组织、周密安排。各博物馆、文物保护单位围绕“保护文化遗产，守护精神家园”的主题，开展形式多样、丰富多彩的活动，引起了较大的社会反响，受到各界好评。形成了一个社会关心、关注、参与文化遗产保护的热潮。

近年来，国家文物局还集中宣传报道了文化遗产保护一线的先进典型，陕西省扶风县连续涌现保护国家珍贵文物的农民群体，表现出强烈的文化遗产保护意识和高尚情操，受到各级政府和文物行政部门的奖励和大力宣传。

总结五年来的工作，我们深刻体会到以下几点。

（1）文化遗产保护必须围绕中心，服务大局。自觉站在构建社会主义和谐社会的高度，始终坚持紧紧围绕党中央、国务院的重大战略部署，积极主动，科学谋划，抓好落实，切实推进文化遗产保护事业的发展。

（2）文物事业的发展必须坚持以科学发展观为统领，准确把握文物工作的规律性，遵循“保护为主、抢救第一、合理利用、加强管理”的方针，扎实做好基础工作。只有不断夯实文物基础工作，不断排除安全隐患，才能为事业全面科学发展提供保障。

（3）开展文物行政执法工作是文物行政部门职责所在，是加强行政管理、规范行政行为的必然要求。通过行政执法，维护了法律的尊严，树立了法治政府的形象，履行了主管部门的责任，体现了为民众服务的宗旨，不仅使文物得到切实的保护，而且有力地促进地方政府加大了对文物工作的重视。

（4）文物外事工作积极融入国家外交大局，已经成为文化对外交往中的重要组成部分。文化遗产对外交流活动在国家外交工作中的地位越来越高，在国际组织中的作用越来越大，有中国特色的文物保护理念在国际上的影响也越来越广泛。

（5）文物保护专项经费得到大幅增长，为文物工作的发展提供了更为广阔的空间。一方面说明文物保护事业作出的成绩得到政府和社会的认可，另一方面也说明文化遗产保护与社会经济的发展进步休戚相关。

（6）文物事业是全民族的事业，文物保护的责任是全社会的责任。我们只有不断努力工作，才能使人们分享文化遗产蕴含的丰富价值，使文化遗产保护理念和意识深入人心，形成全社会关心、爱护并积极参与文化遗产保护的良好氛围。

实践证明，文化遗产保护离不开社会的关注和广大民众的支持，国家设立“文化遗产日”是一个新的历史召唤，我们将抓住这一难得的历史契机，切实担负起历史赋予我们的责任。

四、存在的主要问题

回顾近五年来的工作，文物系统干部职工认真落实科学发展观和构建和谐社会的重大战略部署，在文物保护的各个方面都取得了比较大的成绩。但是我们同时也认识到，在《文物保护法》的实施过程中仍然存在许多问题。当前，文物工作的总体水平仍与我国作为文明古国、文物大国的地位不相适应，与社会经济的发展进程不相适应,与人民群众日益增长的物质文明和精神文明需求不相适应。主要反映在以下几个方面。

（一）法规体系和体制建设尚待完善

当前文物工作的技术规范、管理制度缺失较多，行业的国家标准制定工作相对滞后。《文物保护法》实施五年来，法律已经确立的有关具体制度尚未得到全面的贯彻执行，有法不依、执法不严的现象依然存在，文物保护管理体制上的障碍尚未从根本上得到扭转。《文物保护法》明确了各级政府及主管部门依法管理文物的权利、义务和责任，但是在一些地区和文物工作的相关领域，文物行政管理体制的缺位没有能够保障文物保护的各项基本原则和要求顺利落实。文物管理体制亟待加强和完善已经成为当前文物工作亟须解决的问题。

（二）基础工作依然薄弱

家底不清、基础数据不准的情况尚未根本转变。文物藏品保管条件总体上仍然较为落后。一些博物馆、文物收藏单位的库房面积严重不足，保存设施短缺，不具备应有的藏品保护环境。此外，文物工作的科研水平不高，课题意识不强，成果推广不够；文物保护维修工作重工程、轻研究，实践与科研课题结合不够紧密；文物建筑修缮报告和科研成果整理出版工作相对滞后；清理积压考古报告工作还需要继续加强的情况仍然存在。

（三）文物安全形势仍然严峻

破坏和损毁文物的事件屡见不鲜，违法建设、盗掘古墓葬、盗窃馆藏文物、文物非法交易等行为屡禁不止。文物犯罪活动集团化、智能化、暴力化趋势尚未得到根本遏制。一些地方在“旧城改造”工程中，对历史文化名城和街区实施“推平头”式拆迁，在文物保护单位保护范围和建设控制地带内兴建高层建筑，使历史环境风貌遭到严重破坏。

（四）保护经费管理的监管机制缺位

《文物保护法》明确规定了文物保护所需经费应列入各级政府的财政预算，但是目前经费的到位与实际需求依然有较大差距。这主要是不断受到弱化的监管机制的缺位，致使在文物保护专项经费使用管理方面，出现了资金支出不合理、项目执行不及时、实施程序不规范等问题。再加上资金来源渠道单一，又缺乏必要的配套政策等原因，致使文物保护经费远远不能满足保护工作的实际需要，成为制约文物事业发展的瓶颈之一。

（五）文物宣传展示工作还须深入

一些开放的文物保护单位和博物馆在面向社会、服务民众、普及文物知识等方面，与贴近群众、贴近实际、贴近生活的要求和公众的需要依然有较大的差距。在管理方面缺乏科学规范，在服务方面缺乏主动意识。在一些博物馆新馆建设过程中，文物部门主导性不够，导致博物馆陈列展示设计缺乏互动性、趣味性、观赏性。同时，如何积极利用“文化遗产日”“文化遗产标志”和文化遗产公益性歌曲扩大文物工作的社会影响，加大对《文物保护法》的宣传力度也有待进一步改进。

五、几点措施和建议

我们期望在全国人大教科文卫委员会及各位委员的帮助下，从以下几个方面入手，力求贯彻实施《文物保护法》的各项工作进一步取得明显进展。

中央党校文化遗产保护专题研讨班开班式

（一）营造全社会保护文物的良好氛围

有效保护文物，必须动员全社会的广泛参与。社会各界积极参与文物保护事业，是我们的工作目标，也是促使文化建设和谐发展的社会基础。为此，必须在《文物保护法》实施过程中加大宣传教育工作的力度。首先，建立起有效的工作渠道和工作方法，力求在各级领导干部中率先强化文物保护意识。我们建议在国家高级领导干部的学习活动中以及各级党校和行政学院的授课内容中，适当加入文物保护的内容，以此提高全社会重视文物保护事业的认识水平和层次。其次，也要考虑配合各类高校和中小学校把文物保护知识作为学生学习的重要内容进行系统教育。

（二）强化文物保护执法检查力度

《文物保护法》为保护祖国文化遗产提供了坚实的法律基础，应当进一步维护它的权威性，使各项具体规定和要求得到全面贯彻落实。为此，我们将继续加大文物保护执法检查的力度，使各级地方政府进一步明确有法必依、违法必究的基本法律意识。国家文物局今年文物行政督察工作的重点之一，是对木结构古建筑的消防安全工作情况进行全面检查，对违反法律规定造成管理失误和文物受损的，要严肃查处，决不姑息手软。我们也建议各级地方人大可以开展经常性的文物保护执法检查工作，并督促司法机关进一步加大对破坏文物犯罪行为的打击力度。

（三）增加文物保护的经费投入

文物保护事业功在当代、利在千秋，关系到祖国文化建设的发展和民族优秀传统文化的发扬光大。虽然近年来各级财政对文物事业的投入有一定增长，但是与文物保护的任务要求相比仍有很大差距。文物保护在一定程度上为国家经济与社会的发展作出了特殊的贡献，为此我们将采取措施，争取国家和地方都适当提高对文物保护事业的经费投入。同时，也建议各级人大督促各级财政进一步重视文物保护事业，在经费投入上为保障文物事业发展和落实科学发展观作出应有的贡献。我们还将积极协商国家有关部门，建立并完善关于文化遗产保护的相关经济政策，鼓励社会资金用于文物保护事业。

（四）发挥科技工作对文物保护的引领作用

一是要健全文物保护的科技工作运行监管机制，坚决纠正重审批、轻管理的现象。二是要抓紧文物科技管理人员的培训，提高从业人员的业务素质和整体科技工作意识。三是采取积极有效措施，使先进的科学技术手段在文物保护的各个重要领域发挥出明显的作用和效益。我们期盼各级科技部门和研究机构更加积极深入地参与到文物保护的各个领域中来，在文物保护科技重大项目研究中发挥坚实的支撑作用。

在学习贯彻《行政机关公务员处分条例》会议上的讲话

（2007年6月13日）

今年4月4日，国务院第173次常务会议审议通过了《行政机关公务员处分条例》，2007年6月1日起开始施行。《处分条例》是新中国成立以来第一部全面、系统规范行政惩戒工作的专门性行政法规，是继《公务员法》颁布以后，我国行政机关公务员制度建设的又一件大事。《处分条例》的颁布施行，对于严肃行政机关纪律，规范行政机关公务员行为，加强行政监督，有效预防违纪违法问题的发生，具有十分重要的意义。

下面，我就学习贯彻《处分条例》，谈两点意见。

一、《处分条例》颁布的重要意义

《处分条例》对行政机关公务员处分的原则、种类、适用、权限、程序和申诉等做了具体规定。制定《处分条例》是行政机关公务员处分工作法制化的重要标志，是建立健全惩治和预防腐败体系的必然要求。我们要充分认识实施《处分条例》的重要意义，切实增强实施好《处分条例》的自觉性和责任感。

颁布实施《处分条例》，是加强公务员制度建设的重要举措。《公务员法》规定了公务员管理的基本原则和基本制度。实施《公务员法》要求建立较为完备的公务员管理法规体系。《处分条例》

的颁布实施，填补了《公务员法》配套法规体系的一项空白，是建立充满生机活力的科学化、民主化、制度化的中国特色公务员制度的重要步骤，为依法开展公务员纪律惩戒工作，实现用制度管权、用制度管人、用制度管事，提供了法律依据。

颁布实施《处分条例》，是加强公务员队伍建设的重要手段。行政机关公务员是全面履行政府职能、依法行使行政权力、管理社会事务和提供公共服务的主体，肩负着治国理政的重任。公务员队伍的纪律是否严明、行为是否规范，事关国家法律法规的贯彻执行，事关全面建设小康社会战略目标的实现。这就要求我们必须对公务员严格要求、严格教育、严格管理、严格监督。《处分条例》的颁布实施，要求公务员必须严格履行宪法和法律赋予的神圣职责，有利于进一步增强公务员的忧患意识、公仆意识和节俭意识，对于建设一支政治坚定、业务精湛、作风过硬、人民满意的公务员队伍，具有积极的促进作用。

颁布实施《处分条例》，是加强政府自身建设的重要途径。要规范行政权力，大力加强政风建设，建设一个人民群众满意的政府，就要求各级政府必须依法、规范、高效地行使行政权力，确保人民赋予的权力真正用于为人民谋利益。《处分条例》的颁布实施，明确了行政机关公务员在行使权力和履行职责过程中应当遵守的各项纪律，有利于促进公务员严格依照法定权限和程序行使权力、履行职责，有利于提高政府的执行力和公信力，全面推进法治政府、服务政府、责任政府和效能政府建设。

二、切实抓好《处分条例》的学习、宣传和落实工作

今年6月1日《处分条例》将正式实施。认真学习贯彻好《处

分条例》，依法开展公务员纪律惩戒工作，健全公务员监督约束机制，是行政机关的一项重要职责。国家文物局已经对《处分条例》的学习贯彻作出部署。局机关各部门要认真负责地做好各项工作，切实把《处分条例》学习好、宣传好、贯彻好、实施好。重点做好以下几项工作。

（1）认真学习宣传。我们要把学习贯彻《处分条例》作为当前和今后的一项长期任务，抓好落实。要采取多种形式，认真学习《处分条例》，准确理解和把握其精神实质。国家文物局各部门要组织专门的学习，领导干部要带头学习，人事部门要把学习贯彻《处分条例》作为一项重要而紧迫的任务，要先学一步、多学一些、学深一些，反复研读，熟练掌握。

（2）加强教育培训。要大力开展《处分条例》的教育培训工作，把《处分条例》作为新晋升、新录用公务员岗前培训的重要内容。通过培训增强广大公务员特别是各级领导干部的纪律观念，促使其自觉遵规守纪。人事部门要加强业务骨干培训，充分发挥职能作用，提高做好公务员纪律惩戒工作的本领和水平。

（3）严格执纪执法。《处分条例》的出台，为人事和纪检部门正确履行职责，依法依纪查办违法违纪案件提供了更加坚强的法制保证。要严格执行《处分条例》的各项规定，努力做到坚持原则不动摇、执行法规不走样、履行程序不变通、遵守纪律不放松，真正实现有纪必依、执纪必严、违纪必究。既要切实保障行政机关公务员的合法权益，又要坚决查处各类违纪违法案件，坚决惩处违纪公务员。

（4）坚持统筹兼顾。一是把贯彻实施《处分条例》同实施《公务员法》结合起来。《公务员法》实施后，我们已经顺利完成了机关公务员登记、职务级别认定、工资套改等工作。通过贯彻实施《处分条例》，我们要进一步严明组织人事工作纪律，严格执行《公务员法》及其配套法规的规定，真正用制度规范公务员的行为，进一步提高公务员纪律惩戒工作的法制化、规范化水平。二是把贯彻实施《处分条例》同加强领导干部作风建设结合起来。树立良好的思想作风、学风、工作作风、领导作风、生活作风。要认真对照《处分条例》各方面的要求，严格规范自己的行为，特别注意加强自身在社会公德、职业道德、家庭美德等方面的修养，避免犯错误。三是把贯彻实施《处分条例》同“创建和谐机关、争做人民满意的公务员”活动结合起来。我们要在国家文物机关大力弘扬爱岗敬业、恪尽职守、甘于奉献的精神，把学习贯彻条例变为自觉行为，促进业务工作的开展，树立公务员队伍的新形象、新面貌，建设廉洁、勤政、务实、高效的机关。

在全国文物法制工作会议上的报告

（2007年10月28日）

修订后的《中华人民共和国文物保护法》公布施行已经五年了。我们召开全国文物法制工作会议，目的是总结五年来文物法制工作的经验，提出今后开展此项工作的思路和重点。报告共分两个部分：一是五年来主要工作的回顾，二是今后五年的工作思路。

全国文物法制工作会议

一、五年来主要工作的回顾

（一）着重加强了立法工作，法律体系框架初步形成

《中华人民共和国文物保护法》修订实施后，文化遗产立法工作得到全面加强，由法律、行政法规、部门规章、地方性法规、规划和标准构成的文化遗产法律体系框架已经初步形成。

修订后的《中华人民共和国文物保护法》和国务院公布实施的《中华人民共和国文物保护法实施条例》，第一次以法律的形式明确了文物工作方针，更加明确了各级文物行政部门的权利和责任；文物保护单位制度更加完善；历史文化名城、街区和村镇，被确立了与文物保护单位同等重要的法律地位；文物保护单位以外的不可移动文物，也有了明确的法律地位。地下埋藏的文物受到了严格保护，考古发掘工作得到了更加科学有效的规范和管理。馆藏文物的法律地位以及文物收藏单位和主管部门对馆藏文物的保护责任，有了具体明确的规定。民间收藏文物的权利与责任，作为文物保护的重要内容得到了严格界定；文物市场也得到了规范。文物出境许可制度有了进一步发展，文物进出境审核机构的法律地位得到了进一步明确和提升。对破坏文物的违法和犯罪行为，《文物保护法》和《文物保护法实施条例》也规定了更为具体的预防和惩戒措施。

为加强对长城的保护，规范长城的利用行为，国务院在2006年公布实施了《长城保护条例》。《长城保护条例》明确了长城保护管理的范围和方法，将长城各段纳入省级以上文物保护单位的保护体系，规定任何单位或者个人进行工程建设都不得拆除、穿越、迁移长城。条例中规定的专家咨询制度和总体规划制度作为文化遗产保护的重要措施开始写入国务院的条例，义务保护员制度得到了

发展，旅游容量指标控制也开始成为法定的重要保护措施。《长城保护条例》的制定，也为今后大运河保护和丝绸之路保护等的专项立法工作积累了经验。

部门规章涉及范围基本覆盖文化遗产保护领域各个重要方面。《文物保护工程管理办法》使保护工程的概念和种类有了明确界定，保护工程管理各个方面的工作有了具体要求，资质管理制度得到了发展。《文物行政处罚程序暂行规定》使行政执法工作程序有了具体和明确的规定，为行政执法工作的顺利开展提供了条件。《博物馆管理办法》使博物馆的性质、机构、展示与服务等规定成为了法定要求。《古人类化石和古脊椎动物化石保护管理办法》使古人类化石和古脊椎动物化石的保护管理工作全面纳入了文物保护管理工作的法律体系。《世界文化遗产保护管理办法》使国际保护文化遗产的先进经验在国内立法中得到了进一步体现，保护规划制度、专家咨询制度、监测巡视制度和警示名单制度作为基本制度也开始写入法律并得以发展。《文物进出境审核管理办法》使文物进出境审核机构的性质、任务和工作程序得到了具体规定，文物出境审核范围得到了进一步明确，文物出境许可制度得到了进一步完善。

地方性法规也较好地推动了当地事业的发展。二十余部由地方立法机构制定的地方性法规，已经成为中国文化遗产法律体系的重要组成部分。《江苏省文物保护条例》《浙江省文物保护管理条例》等各项规定，使国家立法的原则和要求与当地实际需求有了很好的结合。《北京历史文化名城保护条例》的公布实施，使社会各界共同保护北京历史城区有了具体的法律依据。

大批全国重点文物保护单位和世界文化遗产地保护规划的陆续编制公布，也使法律规定与具体管理目标有了紧密结合。以推动技术应用和规范管理为目标，重点将实际工作规范和先进科技成果转化为行业标准，逐步建立行业质量认证和准入制度。国家文物局制定并发布了《文物保护行业标准管理办法》，并出台了《文物出境审核标准》《全国重点文物保护单位保护规划编制要求》等行业标准。

上述立法成果来之不易。在国务院领导同志的直接关心和国务院法制办的直接参与下，新《文物保护法》实施后半年，国务院就公布实施了《中华人民共和国文物保护法实施条例》。起草《长城保护条例》的数年时间里，立法必要性问题曾经存在争议。从简单适用《文物保护法》规定的不可移动文物保护措施，到丰富文物保护单位制度的内涵，到绝对禁止对长城的拆除、穿越和迁移，到规范对长城的利用行为，《长城保护条例》已经凸显了制定的必要性，长城保护的理念得到了极大发展，长城保护的力度得到了极大加强。部门规章的逐项出台是文物系统精诚合作、共谋事业发展的成果，也是大家努力学习、共同提高的过程。

（二）高度重视行政执法工作，大力开展执法督察

在大力加强立法工作的同时，行政执法工作受到高度重视，各级文物行政部门把执法和执法督察工作作为重要的工作内容认真组织开展，逐步实现制度化、规范化，查处了一批违法案件，锻炼了队伍，提高了工作质量。

行政执法机构得到加强。2003 年国家文物局设立执法督察处，2005 年又设置了政策法规司，并下发通知要求各地成立相应机构，加强执法工作。目前，全国各地已有省级文物行政执法专兼职机构 30 个，国家文物局还陆续为这些机构配发了行政执法督察专用车。

根据我们掌握的情况，全国各地现行执法机构体制主要有三种形式。一是由省级文物行政部门管理的，具备独立法人资格的文物行政执法体制。如北京市和浙江省在当地政府的支持下，分别设置了文物执法大队。二是省级文物行政部门内设专职行政执法督察机构，同时推动和发展有条件的地、县级文物行政执法机构、队伍建设。三是省级文物行政部门内设挂牌机构或与省文化市场执法总队合署办公。此外，在上海、重庆两地，将文物行政执法的职能纳入文化市场综合执法机构当中。

一些地区的行政执法工作发展迅速。在浙江全省，67%的市、县已设立了文物行政执法机构，11个设区的市均经当地编委批准设立了专职文物行政执法机构，全省文物行政执法机构网络体系已初步形成。

制度建设和规范化管理得到改善。为规范行政执法工作，落实执法岗位责任制，国家文物局于2005年1月发布了《文物行政处罚程序暂行规定》。这是文物执法人员的操作规程和行动指南，能够保证违法事件得到正确处理，保障公民、法人的合法权益不受侵害。《文物行政处罚程序暂行规定》的发布实施，标志着我们的行政执法工作已经纳入规范化管理的轨道。自2004年起，各级文物行政部门陆续举办了多期行政执法培训班，逾1500人次参加了培训。培训活动与持证上岗、年检考核等工作有机结合，明确了岗位职责，全面提升了队伍素质。国家文物局还通过举办行政处罚案卷评比活动和建立行政执法信息系统等手段，进一步强化了行政执法工作的制度化、规范化管理。

全国范围的行政执法专项督察工作成效明显。为贯彻执行国务院《全面推进依法行政实施纲要》，国家文物局每年在全国系统开展文物行政执法专项督察工作。在各地充分自查的基础上，国家文物局派出由省级文物行政部门主要负责同志任组长、有局领导参加的督察组实地督察。督察工作巩固了各地的执法成果，对一些地方存在的问题提出了明确的整改意见，并对数起恶性违法事件采取了坚决而果断的措施。通过对福建省福州市乌塔保护范围内违法建设事件等的处理，纠正了违法行为，还促使当地政府高度重视文化遗产工作。每年开展全国范围行政执法专项督察工作，对我们大家是学习的过程，是发现问题、解决问题的过程，是提高工作水平的过程，也是面向社会宣传法律的过程。我们要坚持严格执法、公正执法、和谐执法。

（三）加强依法行政能力建设，促进了文化遗产事业的健康发展

法制建设取得初步成绩，提高了文化遗产工作依法行政的能力，加强了对各项工作的管理，改善了文化遗产事业发展的外部环境，在全面建设小康社会的进程中文化遗产工作的贡献率有所提高。

依法行政的能力有所加强。通过积极贯彻实施《行政许可法》和《文物保护法》等法律法规，各级文物行政部门依法行政的意识和能力有了很大提高，工作程序和工作内容也得到了进一步明确。《国家文物局工作规则》《国家文物局行政许可管理办法》和《国家文物局机关行政许可过错责任追究暂行办法》等数十项规范性文件的陆续出台，进一步规范了我们的行政管理工作。《国家文物局突发事件应急工作管理办法》的实施，也使我们在建立健全预警和应急机制、应对突发事件和风险能力方面有了加强。在完善决策机制方面，公众参与的热情正在提高，专家认证的程序正在完善，行政部门的责任制正在逐步落实。

依法管理的水平有所提高。世界文化遗产和全国重点文物保护单位保护规划的编制工作和实施工作进展顺利。各级文物行政管理部门高度重视依法划定保护范围和建设控制地带，设立必要的保护管理机构，明确保护责任主体，建立健全保护管理制度，不可移动文物保护的基础工作得到加强。重大建设工程中的文化遗产保护工作也得到了改进和完善。一大批涉及文化遗产保护事项的基本建设项目，依法在项目批准前征求了文物行政部门的意见并落实了文化遗产保护措施。重点文物维修工程通过切实加强管理，排除了重大文物险情，加强了对重要濒危文物的保护，提高了工程质量。馆藏文物保护工作依法加强了对藏品的登记、建档和安全管理，逐步落实了藏品丢失、损毁的责任追究制。文物流通市场依法得到清理整顿。各地严格把握文物流通市场准入条件，规范文物经营和民间文物收藏行为，确保了文物市场的健康发展。文物商店销售文物、文物拍卖企业拍卖文物的审核备案工作得到了加强。通过严格执行文物出入境审核监管制度，加强鉴定机构队伍建设，进一步防止了珍贵文物的流失。在公安和司法部门的积极配合下，许多破坏文化遗产的违法犯罪行为得到了严惩。

依法促进事业发展的力量有所增加。近年来，事业发展的许多新实践，得到了法制工作的有力促进。大遗址保护是我们工作的重点和难点，编制和实施保护规划尤为关键。国家文物局通过不断加强规划制定和实施方面的制度建设工作，逐步使保护规划具有更大的科学性、权威性。在城市化加速进程中妥善保护工业遗产，在新农村建设中加强对乡土建筑的抢救，是我们工作的重要任务。我们在加强呼吁和政策引导的同时，充分运用文物保护单位制度、世界文化遗产项目申报制度、历史文化名镇名村制度、规划制度、执法检查制度等综合手段，努力提高工业遗产和乡土建筑的保护成效。为使博物馆更好地融入社会，各地进行了不懈努力。《博物馆管理办法》在《立法法》允许的范围内提供了最大程度的支持和保障。通过完善文物出境鉴定标准等，少数民族文化传统保护的力度也有了明显加强。为完善我国的世界文化遗产保护体系，《世界文化遗产保护管理办法》《中国世界文化遗产监测巡视管理办法》和《中国世界文化遗产专家咨询管理办法》进行了有益的尝试。中国世界文化遗产预备名单制度的设立，也使世界文化遗产工作的效能得到了更大的发挥。

全社会依法保护文化遗产的意识有所强化。各级人大和政协高度重视文化遗产事业，组织了多种形式的执法调研和考察活动，极大地推动了各级政府对文化遗产工作的支持。在各地广泛开展的“文化遗产日”等宣传教育活动中，广大民众了解了《文物保护法》的基本内容，许多干部也基本掌握了《文物保护法》的主要规定。电视、报纸等媒体不断加大对文化遗产事业的关注力度，通过以案说法等形式，法律的许多具体规定逐步深入人心。近年来，各级文物行政部门加大对先进事迹的表彰力度。受表彰的先进个人、先进集体和先进县在依法保护文化遗产方面作出了突出贡献。这样的表彰工作，也在更大范围内激励社会各界以法律为准绳积极参与文化遗产事业。

在充分肯定法制工作各个领域取得成绩的同时，我们必须清楚地看到，事业发展对法制工作提出的需求还没有得到满足，法制工作各领域的现状离法治政府的目标还有不小距离。我们要认真分析研究法制工作的需求，认真总结我们的薄弱环节和领域，及时加强和改进工作。

（1）文化遗产事业的顺利发展需要全社会的广泛参与，法制宣传教育工作需要加强。

文化遗产日电视直播

文化遗产日·鲁博论坛

文化遗产得到全面保护，文化遗产保护的成果服务于小康社会的全面建设，是我们的工作目标。无论是文化遗产的保护，还是发挥文化遗产的作用，都离不开社会各界的广泛参与和支持。社会各界参与文化遗产事业，需要普遍遵循法律法规，需要积极支持国家确定的工作方针，需要充分了解行政部门的工作计划并给予帮助和监督。目前，我们的法制宣传教育工作不能满足社会各界的这些需要。

各级文物行政部门对法制宣传教育工作重要性的认识有待提高。这项工作的好坏直接关系到我们事业的兴衰，关系到我们各项基础工作和重点工程能否真正扎实开展并充分发挥社会效益，关系到公众和各级政府对我们事业的认知度和满意度。各级文物行政部门制度化、规范化开展法制宣传教育工作的水平也有待提高。这项工作应当成为我们日常的重要工作并加强管理，保障人员和工作经费，避免形式简单和内容空泛。

（2）文化遗产事业的顺利发展需要各级文物行政部门进一步提高法律意识，适用法律的能力需要加强。

文化遗产事业的顺利发展，首先需要文物行政部门是一个法治的政府部门。管理体制要行为规范、运转协调、公正透明、廉洁高效，执法体制要权责明确、行为规范、监督有效、保障有力，决策机制要科学化、民主化、规范化。文化遗产事业的顺利发展，还需要文物行政部门充分运用现行法律法规的各项规定，设定管理制度，提出防范措施，鼓励依法保护文化遗产，制裁违法行为。各级文物行政部门具备较强的法律意识，是我们加强能力建设和保障事业发展的重要环节。目前，我们的工作现状离法治政府的要求还有不小距离，法律的力量也还没有得到充分发挥。

各级文物行政部门对提高法律意识重要性的认识有待提高。法治社会，行政管理的工作内容和工作程序由法律确定，判断是非和解决纠纷的标准也由法律确定。我们必须更加自觉地学习法律，更加自觉地用法律的具体规定指导我们的工作方法，明确我们的工作目标。各级文物行政部门执行法律的监督制度和责任追究制度有待健全。行政管理部门不严格守法，不仅会使我们的事业受到严重影响，政府的形象也会受到严重损害。各级文物行政部门熟练运用法律武器的能力有待加强。规范社会行为、引导社会力量，应当综合发挥法律法规的效能，使其真正成为促进我们事业发展的强大推进器。各级文物行政部门的执法工作也有待完善。行政部门工作人员的工作就是执行法律的各项规定，执法工作应当是我们每个人工作的重要组成部分。我们需要进一步建立健全制度，使执法工作成为各级文物行政管理部门最基本的工作内容，规范、有序地开展。

（3）文化遗产事业的顺利发展需要更强有力的法律保障，法律体系建设工作需要加强。

2005 年 12 月国务院发出的《关于加强文化遗产保护的通知》强调，要通过采取有效措施，使文化遗产保护得到全面加强。到 2010 年，要初步建立比较完备的文化遗产保护制度，文化遗产保护状况得到明显改善。到 2015 年，要基本形成较为完善的文化遗产保护体系，文化遗产得到全面有效保护。《通知》要求，要加强法律法规建设，推进文化遗产保护的法制化、制度化和规范化。

健全的法律体系，应当全面保护各种类型的文化遗产，应当充分保障文化遗产发挥作用，应当及时引导社会力量投入文化遗产事业。目前，我们对中国文化遗产保存状况的调查研究有待深化，对非国有文化遗产保护方法的调查研究有待深化，对文化遗产事业在国家政治、经济和社会发展进程中发挥巨大作用的调查研究有待深化，对动员全社会共同参与文化遗产事业的调查研究有待深化。我们的立法程序和立法方法也还有待完善，计划性不强，调查研究不深入，前瞻性不够。各级文物行政部门应当积极探索，勇于实践，善于归纳总结，在工作中学习研究提高，逐步更新我们的立法理念，提高立法方法，完善法律体系。

国家文物局将于近期开展下列题目的调研工作：中国特色文化遗产事业的实践与探索；文化遗产保护资金渠道与管理问题研究；文化遗产保护法规体系研究；新时期文化遗产资源调查及成果应用研究；博物馆纳入国民教育体系研究；文化遗产事业人才队伍现状、问题及对策研究。

二、今后五年的工作思路

（一）认真学习，加强研究，实现思想和工作多方面的转变

为适应全面建设小康社会的新形势和依法治国的进程，2004 年 3 月国务院印发了《全面推进依法行政实施纲要》。《纲要》确立了建设法治政府的目标，明确规定了十年内全面推进依法行政的指导思想和具体目标、基本原则和要求、主要任务和措施，是进一步加强我国法制建设的重要政策文件。我们要结合文化遗产事业的实际，进一步认真学习文件精神，在思想和工作多方面实现转变。

学习法律方面，实现从号召动员向自觉努力的转变。每一个文物工作者必须精通相关的法律法规，这是新时期开展工作的基本条件。为此我们要建立起严格的学习制度和考核制度。

遵守法律方面，实现从消极被动向积极主动的转变。法律体现了事业发展的规律性，也是国家意志的表现，遵守法律是最基本的工作态度和工作方法。为此我们要建立起严格的考评制度和督察

制度。

管理方式方面，实现从经验性业务指导向标准化制度管理的转变。行政管理工作的基本方式就是依法设定管理制度并对制度的落实情况进行监督检查。为此我们要采取措施强化管理意识，完善制度建设。

决策机制方面，实现从简单化、片面化向公众参与、专家认证和政府决定相结合的转变。只有完善的决策机制才能保证决策科学化民主化。为此我们要明确公众参与的形式，公开专家论证的程序和方法，落实决策责任制。

行政执法方面，实现从权责不清、以督察带动执法向落实责任制的转变。只有明确权属，明确岗位责任，才能使执法工作精细化，督察工作更有成效。为此我们要分解执法职权，确定执法责任，建立健全行政执法评议考核机制。

立法方法方面，实现从注重部门权益、解决眼前问题向注重公开化、前瞻性的转变。只有紧跟时代步伐，把握事业发展趋势，重点关注文化遗产领域的拓展和门类的丰富，立法成果才能解决实际问题，才能在重数量和速度的同时提高立法质量。为此我们要完善立法程序，善于发现由于制度缺失而产生的问题，善于从基层和社会征求立法意见。

（二）切实加强管理，实现各工作环节的制度化规范化

文物工作“保护为主、抢救第一、合理利用、加强管理”方针的落实，关键还是加强管理。加强管理的最有效手段，是实现各个工作环节的制度化、规范化，明确部门和岗位职责以及工作程序。我们要按照文化遗产事业发展的统一部署，优先加强以下环节的制度化、规范化工作。

人才队伍建设方面，要在加强各类培训工作的同时，适当提高行业准入标准，大力推行并完善持证上岗制度、聘用制度和岗位管理制度，建立适应市场配置人力资源的机制，用制度保障优秀人才脱颖而出，消除人才流动的体制性障碍。

科技进步方面，大力完善制度保障，打破落后的体制壁垒，在技术研发、人才培养、基地建设、装备升级、机制创新等方面综合统筹，解决面临的重点、难点和瓶颈问题。

群众参与文化遗产事业方面，大力健全制度保障，提供政策措施，发展完善各类群众组织和社会团体，明确工作方法和目标，确保社会与政府之间联系渠道的有效通畅。

文化遗产安全保障机制方面，大力完善行政执法制度、应急保障制度、监管制度和责任追究制度等，改善文化遗产的生存环境，使风险及时化解，使违法违规行为得到及时纠正。

文化遗产资源调查方面，进一步完善制度，确保资源调查工作立足于抢救性保护，立足于保护理念的进步和视野的拓展，立足于文化遗产事业的长远发展；还要进一步健全制度，促使各级政府的文化遗产意识有较大提高，全社会参与的程度有较大提高。

行政管理工作方面，进一步贯彻落实《行政许可法》等法律法规，进一步依照文物保护法律法规规范管理方法，不断完善现有的规章制度，不断加强对各项工作制度落实情况的监督检查，严格落实岗位责任制。

（三）紧密联系实际，实现法律框架体系的丰富和完善

法治社会，评定是非、解决纠纷的根本标准是法律。文化遗产事业各领域的工作，只有赋予了相应的法律地位，才能得到真正的保障。我们必须紧密配合文化遗产事业的发展，理论联系实际，认真借鉴国际文化遗产保护的先进经验，加强立法工作，努力在机构设置和经费投入等的量化规定方面有所突破，实现法律框架体系的丰富和完善。

制定文物认定标准和办法并报国务院批准。这是《文物保护法》的明确规定。我们要认真总结文化遗产事业近年来发展的新成果，在扎实调查研究的基础上，抓紧制定，确保各类文物得到全面保护。

制定行政法规《博物馆条例》。该条例草案稿即将报送国务院。制定《博物馆条例》的目的，就是要明确博物馆的法律地位，清晰博物馆的权利和义务，为博物馆在小康社会建设进程中发挥重要作用提供法律保障。国务院法制办在审议该草案稿的过程中，还需要我们开展大量工作。我们要积极配合，努力使该条例早日出台，为制定《博物馆法》奠定基础。

专项立法保护京杭大运河和丝绸之路。这两处文化遗产项目的保护方法和措施具有很大的特殊性。借鉴长城保护专项立法的成功经验，充分发挥文物保护单位制度的权威性，通过保护规划制度使特殊的保护措施具有法律约束力，协调各级政府和各有关部门在京杭大运河和丝绸之路保护工作中的分工和合作，将世界文化遗产的保护管理方法更好地在有关工作中得到体现，这些需要我们大家认真研究，明确需求，设定制度。

制定行政法规《文物保护单位管理条例》和《世界文化遗产管理条例》。各级文物保护单位是中华文化遗产的核心组成部分。我们要充分依靠《中华人民共和国文物保护法》和《中华人民共和国文物保护法实施条例》奠定的基础，充分吸纳近年来的立法经验，通过制定行政法规《文物保护单位管理条例》，进一步丰富文物保护单位制度的内涵，大力发展文物保护单位的管理理念，强化管理措施。世界文化遗产是国际文化遗产保护先进经验在国内有效推广的重要方法。我们要在《世界文化遗产保护管理办法》的基础上，通过制定行政法规《世界文化遗产管理条例》使国际文化遗产保护先进经验更有效地适应我国国情，使我国的世界文化遗产保护管理经验更好地服务于国际的人类文化遗产保护事业。

编制国家文化遗产保护规划。这一规划应当遵循文物工作方针，立足我国文化遗产资源的特点和现状，立足于当代经济、政治、文化、社会对文化遗产事业的发展需求，提出具有基础性、战略性和前瞻性的规划目标。

大力加强保护规划和保护标准的制定工作。规划和标准的编制实施，能够使法律的各项规定在具体工作中得到定性和定量的落实。通过法定程序制定公布的文物保护规划和标准，具有法律效力，是法律体系的重要组成部分。当前十分紧迫的任务是完成全国重点文物保护单位的规划编制工作以及直接与文物本体保护有关的标准化制定工作。编制保护规划的目的是为了使文物本体及其相关的环境得到有效保护，并充分发挥社会作用，促进区域社会、经济、文化和环境的协调发展。保护规划的实施，有利于保护文物本体的真实性及其环境风貌，有利于指导管理机构的日常管理工作，有利于规范和统筹安排保护范围、建设控制地带内的各类建设活动。

（四）继续加强行政执法工作，建立文化遗产安全保障长效机制

文物行政执法是法律赋予文物行政部门的职责，既是一项长期的日常性工作，更是一项艰巨的任务，是检验文物行政部门能力建设的最重要内容。面对当前文化遗产安全的严峻形势，各级文物行政部门必须坚持有法必依、执法必严、违法必究的原则，维护和捍卫法律尊严，竭尽全力保护文化遗产。必须敢于处理日益突出的法人违法事件，坚决依法办事，不怕碰硬、不畏强权，切实履行职责；同时要不断完善并严格执行执法程序和制度，在严厉打击破坏文化遗产的违法行为同时，重点追究因决策失误、玩忽职守而造成文化遗产破坏、被盗或流失的责任单位和责任人的法律责任；必须加强文化遗产安全状况的监控，透明公开、快速反应，严肃处理各类文化遗产违法案件，继续督察重大违法案件办理。国家文物局将继续开展联合执法督察活动，并作为一项制度长期坚持下去。必须加强文物行政管理机构和执法队伍建设，建立行政执法责任制，做到执法有保障、有权必有责、用权受监督、违法受追究；要加强执法人员队伍建设，将持证上岗、年检考核与人员培训有机结合，提高执政能力和执法水平。必须建立有效的监督制度，接受社会公众和舆论监督，依靠当地政府和广大民众，深入基层发现问题、解决问题，提高执法水平；同时要积极探索行政执法绩效评估机制和整改机制，逐步推进文物行政执法工作的规范化和程序化。必须建立联合执法的长效机制，加强执法信息交流，加强与公安、监察、检察、工商、海关、建设、规划、环境等部门的联系沟通，构建文物行政执法动态网络。

在《中华人民共和国文物保护法》修订实施五周年座谈会上的讲话

（2007 年 10 月 30 日）

《中华人民共和国文物保护法》修订实施已经五年。我代表国家文物局向大家汇报五年来实施《中华人民共和国文物保护法》的有关情况。

自 2002 年 10 月 28 日新修订的《中华人民共和国文物保护法》公布施行以来，在全国人大常委会的大力支持下，在国务院的正确领导下，通过贯彻实施《文物保护法》，我国文物事业有了较大发展，各项工作取得了一定成绩。国家文物局深入贯彻执行《文物保护法》所确立的“保护为主、抢救第一、合理利用、加强管理”的工作方针，牢牢把握文物工作面临的难得历史机遇，充分认识文物事业在推动我国经济社会发展中的重要使命和战略地位，为精神文明建设和构建和谐社会作出了积极贡献。

（1）文物立法工作得到了加强。《中华人民共和国文物保护法》的修订实施，为新时期文物事业的发展奠定了坚实的法律基础。在国务院、文化部以及地方各级人大、政府的大力支持下，国家文物局和全国各地文物行政部门进一步加大了文物立法工作力度，文物保护的建章立制步伐明显加快。五年来，文物保护行政法规体系不断完善，共出台了 20 余个行政法规、行政规章和规章性文件。其中，行政法规 2 个，分别是《中华人民共和国文物保护法实施条例》《长城保护条例》；行政规章6个，分别是《文物行政处罚程序暂行规定》《文物保护工程管理办法》《博物馆管理办法》《古人类化石和古脊椎动物化石保护管理办法》《世界文化遗产保护管理办法》《文物进出境审核管理办法》。各地方人大常委会和人民政府根据当地文物工作实际，也在积极推动地方文物行政立法工作。文物保护的各项工作正在逐步纳入制度化、规范化的轨道。

《文物保护法》修订实施五周年座谈会

（2）各项基础工作得到了夯实。为使《文物保护法》第二条规定的所有文物得到全面有效保护，我们重点加强了基础工作。文物资源调查建档工作取得成效。全国重点文物保护单位记录档案备案、全国博物馆一级文物藏品建档、全国重点文物保护单位保护状况调研和全国馆藏文物腐蚀损失调查等工作取得了阶段性成果。根据国务院统一部署，第三次全国文物普查工作正在全国范围内展开，这次大规模的文物资源调查工作，不仅是全国文物系统能力建设的大练兵，也是增强各级政府文物保护法律意识的大培训，更是动员全社会参与文化遗产保护的大宣传。文物安全暨文物行政执法工作进一步加强。国家文物局大力推进文物安全防范工作，积极探索建立文物安全保障的长效机制，同时加强馆藏文物的安全防范工作。为维护《文物保护法》的权威性，国家文物局近年来坚持将日常的行政执法工作和专项执法督察工作相结合，连续在全国范围内开展文物行政执法专项督察活动，对严重违法的典型案例采取了坚决而果断的整改措施。通过加强与公安、海关、工商等部门的协调配合，加大了防范和打击盗掘、盗窃、走私文物等犯罪活动的力度。国际打击文物犯罪活动的双边及多边合作工作也得到了明显加强，并已经与意大利、印度等多个国家签署了合作打击文物走私活动的双边政府间协定。文物保护科技水平有所提高，人才队伍建设进一步推进。各级文物行政部门认真贯彻实施人才强国战略，树立大教育、大培训的观念，大力加强人才资源开发和能力建设，在文博行业逐步推行持证上岗制度，加大对重点人才特别是中青年学科带头人和高层次复合型人才的培养力度。

（3）文物重点工作取得了明显成效。为落实《文物保护法》规定的各项保护措施，我们努力做好各项重点工作。在做好国家重大基本建设项目的文物保护工作的同时，文物维修保护力度也不断加大。2006 年 5 月国务院正式公布了第六批 1080 处全国重点文物保护单位后，国家文物局在继续加强对前五批共 1271 处全国重点文物保护单位保护工作的同时，及时组织开展了第六批全国重点文物保护单位保护状况调查，制定了保护方案。在世界文化遗产的保护管理方面，我国已成功申报世界文化遗产 25 处、自然和文化混合遗产 4 处，居世界前列。目前，实施保护和管理世界文化遗产工作的重点是落实《世界文化遗产保护管理办法》的各项规定。根据国务院批准的《2005—2014 年“长城保护工程”总体工作方案》，正式启动了世界文化遗产长城的保护工程。博物馆的社会服务功能得到提升。各级各类博物馆每年陈列展览数量近 1 万个，观众达到 1.5 亿人次以上。文物对外交流得到积极开展。近年来，国家文物局与多个国家的文化遗产部门签署了关于文化遗产保护合作的谅解备忘录，并通过对外实施文物修复援助项目，扩大我国在文化遗产保护领域的国际影响。同时，积极扩展与各国文化遗产部门以及国际组织的合作,积极推动中外文物展览交流。文物宣传工作继续深入开展。五年来，以《文物保护法》为核心的文物宣传工作深入开展。文物保护的理念在全社会逐步深入人心。2005 年 12 月，国务院发布了《关于加强文化遗产保护的通知》，明确提出了新时期我国文化遗产保护的指导思想、基本方针和总体目标，批准在全国设立“文化遗产日”。在“文化遗产日”宣传活动中，全国各地精心组织、周密安排，开展形式多样、丰富多彩的活动，取得了较大的社会反响。近年来，国家文物局还集中宣传报道文化遗产保护一线的先进典型，陕西省宝鸡地区连续涌现保护国家珍贵文物的农民群体、贵州黎平县民众在洪水中抢救地坪风雨桥的事迹，表现出强烈的文化遗产保护意识和高尚情操，受到各级政府和文物行政部门的奖励和大力宣传。

（4）贯彻实施《文物保护法》过程中也面临着不少问题。法规体系尚待完善，技术规范、管理制度缺失较多，行业的国家标准制定工作相对滞后。体制建设尚待完善，文物保护管理体制上的障碍尚未从根本上得到扭转。《文物保护法》明确了各级政府及主管部门依法管理文物的权利、义务和责任，但是在一些地区和文物工作的相关领域，文物行政管理体制的缺位，使文物保护的各项基本原则和要求难以落实。基础工作依然薄弱。家底不清、基础数据不准的情况尚未根本转变。文物安全形势仍然严峻。破坏和损毁文物的事件屡见不鲜，违法建设、盗掘古墓葬、盗窃馆藏文物、文物非法交易等行为屡禁不止。特别是法人违法问题突出，一些地方在“旧城改造”工程中，对历史文化名城和街区实施“推平头”式拆迁，在文物保护单位保护范围和建设控制地带内兴建高层建筑，使历史环境风貌遭到严重破坏。文物宣传展示工作还须深入。一些开放的文物保护单位和博物馆在面向社会、服务民众、普及文物知识等方面，与贴近群众、贴近实际、贴近生活的要求和公众的需要依然有较大的差距。在管理方面缺乏科学规范，在服务方面缺乏主动意识。

（5）切实做好今后一个时期的文物工作。我们要进一步努力贯彻实施《文物保护法》，牢牢把握“保护为主、抢救第一、合理利用、加强管理”的工作方针。要积极营造全社会保护文物的良好氛围，在《文物保护法》实施过程中加大宣传教育工作的力度，力求在各级领导干部中率先强化文物保护意识，配合各类高校和中小学校把文物保护知识作为学生学习的重要内容进行系统教育。要继续强化文物保护执法检查力度，使各级地方政府进一步明确有法必依、违法必究的基本法律意识。我们也建议各级地方人大开展经常性的文物保护执法检查工作，并督促司法机关进一步加大对破坏文物犯罪行为的打击力度。要继续增加文物保护的经费投入，也建议各级人大督促各级财政进一步重视文物保护事业，在经费投入上为保障文物事业发展作出应有的贡献，同时积极建立并完善相关政策，鼓励社会资金用于文物事业。

关于抓紧制定《世界文化遗产保护条例》的提案[①]

（2008年3月）

第六届全国人大常委会第十三次会议于1985年11月22日作出决定，中国加入联合国教科文组织制定的《保护世界文化和自然遗产公约》。此后的20余年间，世界文化遗产工作日益成为我国文化遗产事业的重要组成部分。目前，我国拥有世界文化遗产25处，世界文化和自然混合遗产4处，位居世界各国前列。这些世界文化遗产具有极高的历史、科学、文化和艺术价值，是中华民族文化的精粹，是不可再生的宝贵资源。在党中央、国务院的高度重视下，在世界文化遗产所在地各级人民政府和有关部门的积极努力下，我国世界文化遗产保护管理工作不断加强，世界文化遗产地及其周边环境不断改善，有力地促进了当地经济社会的持续发展。

但是，世界文化遗产保护管理的形势也十分严峻：一是一些地方的保护意识淡薄，重申报、重开发、轻保护、轻管理的现象比较普遍；二是少数地方对世界文化遗产进行超负荷利用和破坏性开发，已经使遗产地的真实性和完整性受到损害；三是管理体制不顺，管理层次总体偏低，有的地方机构重叠、职能交叉；四是保护管理

① 此文为在全国政协十一届一次会议上的提案，联名提案人：刘庆柱　张柏　吕章申　高延青　王川平　安家瑶　苏士澍　詹祥生　余辉　张廷皓　张和平　张学津　耿其昌　杨力舟　赵维绥　张平　郑欣淼　周岚　王瑞珠　张俊芳　张桃林　胡珍　韦建桦　李羚　王霞　杨一奔　薛康　林国文　刘志强　韩方明　周和平　王明明　何家英　龙瑞　杜玉波　陈国星　崔建华　边发吉　李晓林　王少阶　龙国键　陈凌孚

法制不健全，存在有法不依和无法可依的情况；五是保护管理经费严重不足。为提高我国世界文化遗产保护管理工作的水平，需要进一步端正保护管理工作的指导思想，加强法制建设，完善世界文化遗产保护管理工作的各项措施。

红河州元阳县村民生活

作为世界文化遗产的主管部门，国家文物行政部门着力加强法制建设，努力改进世界文化遗产保护管理工作，取得了初步成效。通过开展行政执法专项督察，使一些破坏世界文化遗产的行为得到了制止。通过制定公布部门规章《世界文化遗产保护管理办法》和规范性文件《中国世界文化遗产监测巡视管理办法》《中国世界文化遗产专家咨询管理办法》，世界文化遗产保护管理工作的措施也得到了初步改善。特别是两年前制定公布的《世界文化遗产保护管理办法》等文件，明确了世界文化遗产的范围及其主管部门，确定专家咨询制度和监测巡视制度是世界文化遗产工作的基本法律制度。对组织编制保护规划和组织实施保护规划的责任人、保护规划编制机构的资质要求以及保护规划内容的基本要求等,也作了明确规定。由于2002年修订通过的《文物保护法》及其《实施条例》没有涉及世界文化遗产保护的具体内容和制度，部门规章《世界文化遗产保护管理办法》将《文物保护法》确定的各项不可移动文物保护管理制度纳入了世界文化遗产保护管理体系。在总结我国世界文化遗产工作经验和借鉴联合国教科文组织有关机构工作制度的基础上,《世界文化遗产保护管理办法》还确立了中国世界文化遗产警示名单制度。列入《中国世界文化遗产警示名单》的世界文化遗产所在地省级人民政府，应当对保护和管理工作中存在的问题提出整改措施，限期改进保护管理工作。

两年来的实践表明，《世界文化遗产保护管理办法》在发挥功效的同时也明显暴露出了一些缺陷：由于《文物保护法》及其《实施条例》没有涉及世界文化遗产保护的内容，受《立法法》和《行政许可法》等的限制,作为部门规章的《世界文化遗产保护管理办法》并没有全面设定世界文化遗产保护管理所需要的各项法律制度，已经设定的一些法律制度也缺乏充分有效的保障措施。为使世界文化遗产保护工作真正纳入法制化管理轨道，履行我国加入《保护世界文化和自然遗产公约》时的承诺，建议抓紧制定行政法规《世界文化遗产保护条例》。条例应当充分总结我国世界文化遗产保护工作的经验教训，充分吸取《世界文化遗产保护管理办法》的立法成果，最大限度地满足《保护世界文化和自然遗产公约》和2005年联合国教科文组织《实施保护世界文化和自然遗产公约的操作指南》的要求。

关于设立文化遗产保护主体功能区的提案[①]

（2008 年 3 月）

当前，我国城市化进程突飞猛进，不可避免地加剧了城市人口、土地、资源、环境和文化遗产保护等方面的矛盾，给文化遗产保护带来了极大冲击，文化遗产所承担的压力和风险不断加大，其承载能力正在变得越来越弱。一方面，文化遗产保护与城市开发建设、区域经济发展的矛盾日趋严重，包括历史文化名城、大型古代城市遗址等在内的优秀文化遗产遭到了不同程度的破坏和侵占；另一方面，文化遗产所在区域，尤其是遗址分布区域内居民的生产生活未能与遗址保护协调发展，经济收入和生活水平较为低下，文化遗产保护工作未能惠及当地民众的生活，也很难得到当地民众的支持和理解。如何在快速城市化进程中保护好文化遗产，已成为亟待解决的问题。

在这一背景下，我们欣喜地看到，2006 年国务院颁布的《国民经济和社会发展第十一个五年规划纲要》中，明确提出了要推进形成优化开发、重点开发、限制开发和禁止开发四类主体功能区，按照主体功能定位调整完善区域政策和绩效评价，规范空间开发秩序，

① 此文为在全国政协十一届一次会议上的提案，联名提案人：刘庆柱　张柏　吕章申　高延青　王川平　安家瑶　詹祥生　张廷皓　佘辉　张和平　张学津　耿其昌　赵维绥　张平　郑欣淼　张桃林　周岚　王瑞珠　龙国键　张俊芳　胡珍　韦建桦　李羚　王霞　杨一奔　薛康　林国文　刘志强　周和平　韩方明　王明明　何家英　龙瑞　杜玉波　陈国星　崔建华　边发吉　王少阶　吴晓青　苏士澍　李晓林

形成合理的空间开发结构。2007年，国务院下发《关于编制全国主体功能区规划的意见》，启动了全国主体功能区规划编制工作。同年12月召开的中央经济工作会议明确指出“限制开发和禁止开发区域的划定更多地体现国家战略意图，要加大推进力度，使其尽快成为全国性或区域性生态功能区和自然文化保护区域”。

全国主体功能区规划和涉及的相关政策，有利于强化文化遗产的地位，谋取在公共财政框架下文化遗产保护政策，有利于保障新时期文化遗产保护工作的实施。我国历史悠久，拥有极为丰厚的文化遗产，登记在册的地上地下不可移动文物40余万处。其中，世界文化遗产、历史文化名城和大型古代城市遗址等作为主体部分，是中华民族的文化根源和民族纽带，充分展现了我国古代先民的创造力和民族精神，成为中华文明发展的珍贵物证。由于历史的原因，这些文化遗产在分布区域上相对集中，例如西安城近郊区就有周、秦、汉、唐等重要历史时代的城市遗址，洛阳地区集中了夏商、汉魏、隋唐时期的重要遗址群，古都北京不仅集中了故宫、颐和园、天坛等皇家建筑，还拥有世界上最为壮美的历史城区。

长期以来，一些城市和地区在加强文化遗产集中区域的保护方面进行了一些有益探索。例如苏州划定了“一城二线三片”的历史文化街区保护范围，并确定了45个重点保护的历史地段；北京十三陵设立特区办事处，负责保护辖区内的文物古迹和环境景观；浙江良渚遗址划定专门的保护区，成立专门管理机构，负责保护区范围内的文物保护、城乡规划、经济开发、社会管理及其他工作的协调与监督。实践证明，在文化遗产分布较为集中的区域设立文化遗产保护主体功能区，将文化遗产保护作为该区域的主要发展目标之一，有利于打破行政区划，理顺文化遗产保护体制，在区域内实行统一规划、统一建设、统一管理；有利于有效缓解该区域内城市建设与文化遗产保护之间的矛盾，从而引导经济布局、人口分布与资源环境承载能力相适应，促进人口、经济、资源环境的空间均衡；有利于文化遗产的可持续保护，从而促进国民经济与社会、文化协调发展，构建和谐社会，促进我国文化遗产保护事业的发展。

为此，建议把握此次编制全国主体功能区的重大历史机遇，将包括历史文化名城、大型古代城市遗址等我国文化遗产中的精华部分和文化遗产分布集中的区域设立为文化遗产保护主体功能区，并划为禁止开发区域或限制开发区域。文化遗产保护主体功能区应依据法律法规和相关规划对所涉及的文化遗产实行强制性保护。具体表现为：在财政、投资、产业、土地、人口管理、环境保护等政策以及绩效评价和政绩考核等方面予以倾斜，重点增加该区域用于文物保护的财政转移支付，重点支持区域内的文化遗产保护工程，限制区域内不符合文化遗产保护原则的产业扩张，严格区域内的土地用途管制，将评价文化遗产保护作为该区域管理部门绩效评价和政绩考核的主要内容。

关于实行建设工程文化遗产保护前期评估制度的提案[①]

（2008 年 3 月）

我国是历史悠久的文明古国，文化遗产资源丰富、分布广泛。保护和传承祖先创造的文化遗产，是社会各界义不容辞的责任和使命。近年来，国民经济持续快速发展，各地基本建设项目增多，尤其是三峡水库、南水北调、川气东送、西气东输、高速铁路、高速公路等大、中型基本建设项目纷纷上马，对我国文化遗产保护工作提出了更高的要求。妥善处理好基本建设与文化遗产保护的关系，实现二者的协调发展，是当前亟待解决的问题。

根据《中华人民共和国文物保护法》等法律法规的有关规定，基本建设中的文物保护工作由省级文物部门组织考古发掘单位实施，所需费用列入建设工程预算。目前，一些基本建设工程在“项目建议书”阶段委托文物考古机构进行了文化遗产保护前期评估工作，并根据评估结果制定或调整设计方案，安排专项经费开展文化遗产保护工作，既保证了建设工程的顺利开展，避免了不必要的经济损失，也抢救保护了大批祖国优秀的文化遗产，取得了良好的经济效益和社会效益。

① 此文为在全国政协十一届一次会议上的提案，联名提案人：刘庆柱　张柏　吕章申　高延青　王川平　安家瑶　詹祥生　张廷皓　苏士澍　余辉　张和平　张学津　耿其昌　杨力舟　赵维绥　张平　郑欣淼　周岚　张桃林　张俊芳　王瑞珠　胡珍　韦建桦　李羚　王霞　杨一奔　薛康　林国文　刘志强　周和平　韩方明　王明明　何家英　龙瑞　杜玉波　陈国星　崔建华　边发吉　李晓林　王少阶　陈凌孚

但是，也有一些基本建设项目，未依法进行文化遗产保护前期评估，在施工过程中发现重要文化遗址，迫使建设工程被动更改设计方案、延长工期，甚至废弃一些已建工程，造成了巨大的经济损失。例如黑龙江绥满高速公路建设项目在施工过程中发现了金代规模巨大的宫殿遗址——金上京朝日殿遗址。此时高速公路已经修建到了遗址两侧，为保护珍贵的文化遗产，工程建设部门调整了高速公路设计方案，付出了相当大的代价。河南省洛阳市东周王城广场建设项目，在施工过程中发现了极为重要的东周时期车马坑遗址，经过文物部门抢救性考古发掘，印证了文献中“天子驾六”之说。在社会各界的呼吁下，工程建设部门最终调整了工程设计方案，对车马坑遗址进行了原址保护。由于在工程建设前未进行文化遗产保护前期评估，并提前开展考古工作，致使部分遗迹遭到工程建设破坏，同时工程建设本身也蒙受了不必要的损失。

造成上述情况的主要原因，在于建设工程文化遗产保护前期评估尚未形成制度，现有的评估包含在环境影响评价的“文物与珍贵景观”项目中，未单独纳入基本建设项目的审批程序，并且由非考古专业资质单位编制，评估内容过于简单，针对性不强，难以满足文化遗产保护工作的需要；同时，评估程序、资质审核等办法尚未制定，很难做到有章可循，既影响了文化遗产保护工作的及时开展，也增加了基本建设项目的投资风险。为深入贯彻《国务院关于加强文化遗产保护的通知》精神，实现基本建设和文化遗产保护工作的协调发展，迫切需要建立并实施一套经过实践检验的建设工程文化遗产保护前期评估制度。

根据《中华人民共和国文物保护法》等有关规定和建设工程的项目审批程序，建议在工程建设的“项目建议书”阶段，由文物考古机构或具有相关资质的其他中介机构依据已经掌握的资料，对建设项目涉及和影响区域内的文化遗存状况以及与建设工程的相互影响作出分析评估，并形成行之有效的制度，以取代现在环境影响评价报告中文物评价部分的内容。通过评估形成《文化遗产保护前期评估报告》，将建设项目涉及和影响区域内已有文物普查资料成果，已公布为各级文物保护单位保护范围和建设控制地带的相关资料以及对项目选址及设计方案的初步建议等提供给设计单位，便于其进行必要调整，以尽可能减少工程建设对文化遗产造成的影响。评估中所列文化遗产保护工作经费预算按照相关规定编制，依程序经评估审查后列入工程预算。

实行文化遗产保护前期评估制度，可以将基本建设工程中的文化遗产保护工作前置，更好地解决基本建设与文化遗产保护工作在行业差异、程序衔接等方面存在的问题，降低工程建设风险，增强文化遗产保护工作的主动性、计划性、科学性。为满足国家基本建设的要求，进一步适应文化遗产保护工作的新形势，建议参照已有的环境影响评价制度，由国家发展和改革委员会牵头，组织国土资源部、建设部、环保总局、国家文物局等有关部门共同协商实行建设工程文化遗产保护前期评估制度，制定相关法规、办法，尽快将文化遗产保护前期评估纳入法制化、规范化的工作程序之中。

在《历史文化名城名镇名村保护条例》公布实施座谈会上的讲话

（2008年5月13日）

今天，国家文物局召开《历史文化名城名镇名村保护条例》公布实施座谈会，请各位专家对贯彻执行这部《条例》发表意见和建议。这部《条例》的起草工作，从摆上有关部门的具体议事日程，到国务院的审议通过，至少经历了15个年头。长期以来，文物系统的专家、人大代表和政协委员不断呼吁这部《条例》尽快出台，各级文物行政部门也尽力配合建设行政部门和国务院法制办开展《条例》起草工作。现在，这部《条例》正式公布了，我们感到由衷的高兴。同时，面对我们国家历史文化名城、街区、村镇被大量破坏的现实情况，我们也感到无比的愤怒。这15年，正是我们国家城市化进程飞速发展的时期，新农村建设运动也在大力开展。伴随《历史文化名城名镇名村保护条例》漫长制定过程的，正是不断发生的历史文化名城、街区、村镇被破坏的惨剧。

改革开放以来，我国仅用30年的时间就完成了西方经历三四百年时间才完成的现代城市格局。近年来，中国城市化率的发展速度，堪称世界之最。城市化的高速发展，给文化遗产保护带来了严峻挑战。城市化进程中大规模的“旧城改造”运动，决定性地改变了众多历史性城市的原有面貌，导致千城一面，功能趋同，城市历史记忆消失，城市精神缺失，城市文化特色出现危机。历史性城市的旧城区有较好的区位优势，位于房地产开发高价争夺的黄金地段，这些地区同时又是城市记忆保持最完整、最丰富的地区。许多城市为追求经济效益最大化，实施“推平头”式拆迁，盲目地在旧城区内兴建高层建筑，使文化遗产和历史环境遭到严重破坏。许多城市领导者力求在任期内使城市面貌发生“日新月异”的变化，热衷实施“政绩工程”，片面追求大广场、大草坪、大绿带、大水面、景观大道，把高层建筑作为城市现代化的标志，而将文化遗产视为城市建设的包袱和障碍予以铲除。一些城市的道路交通规划理念和设计手法陈旧，为了解决机动车不断增长带来的交通压力和满足高速快捷的城市交通需要，投入大量资金拆房修路，采取拓宽传统街道，建设穿过式交通干道和立体交叉道路系统，改变了旧城空间形态及街巷肌理，导致旧城传统道路格局的破坏。在新农村建设运动中，

青浦朱家角历史文化名镇

文化遗产保护的形势同样严峻。许多地方把新农村建设错误理解为新村建设，求新求洋，建设性破坏非常严重。农村用地政策和产权制度的不完善，也加剧了新农村建设过程中历史文化村镇的破坏程度。

现在，国务院制定的《历史文化名城名镇名村保护条例》正式公布了，并将于今年7月1日起施行。历史文化名城名镇名村的保护工作是文化遗产事业非常重要的组成部分。全国的文物工作者都必须认真学习这部《条例》的内容，精通这部《条例》的具体规定，充分理解和掌握各级文物主管部门在历史文化名城名镇名村保护工作中的职责和工作方法，严格执行《条例》，切实承担起重任。当前，历史文化名城名镇名村保护工作的首要任务是抓紧制定完善各历史文化名城名镇名村的保护规划，并采取严格有效的措施确保保护规划得到具体实施。我们不仅要督促各地方政府在法定期限内编制完成各历史文化名城名镇名村的保护规划，我们还要确保各历史文化名城名镇名村的保护规划能够体现文化遗产保护的先进理念，能够满足文化遗产保护工作的实际需要。我们更要下足内功，并动员其他方面的有效力量，确保保护规划得到全面和具体的执行。媒体监督和公众参与是历史文化名城名镇名村保护工作的重要力量。我们要在加强日常管理工作的同时，积极向媒体和公众介绍历史文化名城名镇名村保护工作的重要意义、方法和现状，积极动员、组织和引导社会各界关心和参与这项伟大而紧迫的事业。这也是公众的权利，我们必须保障公众实现这些重要的权利。

加强文化遗产法制建设[1]

（2008年11月）

在我国，文化遗产保护领域有一部国家最高立法机构制定的《文物保护法》，这是目前我国整个文化领域唯一的一部法律，因此得天独厚。为解决改革开放新时期我国文化遗产事业面临的新问题、新矛盾，全国人大常委会于2002年10月，通过了新修订的《文物保护法》。修订后的《文物保护法》坚持了中国特色文物事业的方向，遵循了文物工作自身规律，基本适应了改革开放和市场经济体制的要求，也初步满足了广大民众对文化生活日益增长的需求。目前，在新修订的《文物保护法》的框架下，完善文化遗产保护法规体系成为当务之急。

一、完善文化遗产保护法制体系

新修订的《文物保护法》，第一次以法律的形式确定了文物工作方针，进一步明确了各级文物行政部门的权利和责任；文物保护单位制度更加完善；历史文化名城、街区和村镇，被确立了与文物保护单位同等重要的法律地位；文物保护单位以外的不可移动文物，也有了明确的保护工作内容。《文物保护法》修订实施以来，我国

① 此文发表于《从“文物保护”走向“文化遗产保护”》，天津：天津大学出版社，2007年6月。

文物立法工作得到加强，以《文物保护法》为核心，由法律、行政法规、部门规章、地方性法规、规划和标准构成的中国特色文化遗产法律体系框架正在基本形成。同时，立法的计划性、科学性和公开性受到重视，立法工作的公众参与程度和立法质量有所提高。例如通过《文物保护法实施条例》，使文物工作的对象和方针得到了进一步科学阐述，文物工作的手段得以强化，政府各有关部门的保护职责更加明确，文物保护单位的制度和概念有了新的发展，对破坏文物的违法和犯罪行为也有了更为具体的预防和惩戒措施。通过《长城保护条例》，长城的范围和法律地位得到了确定，专家咨询制度和总体规划制度作为文化遗产保护的基本制度开始写入法律，义务保护员的作用和地位得到明确，旅游容量指标也开始成为法定的文化遗产保护措施。这一立法实践，也为今后大运河、丝绸之路等巨型、线型文化遗产的专项立法工作积累了经验。通过《历史文化名城名镇名村保护条例》，历史文化名城、名镇、名村的保护管理纳入法制轨道，使传统格局、历史风貌、空间尺度和与之相互依存的自然景观和环境得以整体保护，对于违法破坏行为给予打击。

2002 年以来，国家文化文物部门根据上位法的要求和文物管理工作的实际需要，制定了 40 余项行政规章、规章性文件和管理规定。[①]其中，行政规章 6 件，包括《文物行政处罚程序暂行规定》《文物保护工程管理办法》《博物馆管理办法》《古人类化石和古脊椎动物化石保护管理办法》《世界文化遗产保护管理办法》《文物进出境审核管理办法》；其他规章性文件和管理规定 30 余件，包括《文物保护工程勘察设计资质管理办法》《文物保护工程施工资质

① 注：2007 年 10 月，国家文物局编辑出版了《中华人民共和国文化遗产保护法律文件选编》，共收录了 2002 年 10 月《文物保护法》修订实施以来，国家层面的行政法规、部门规章和规范性文件 40 部。

管理办法》《文物保护科学和技术创新管理办法》《全国重点文物保护单位保护规划编制审批办法》《国家文物局重点科研基地管理办法》《文物拍卖管理暂行规定》等，使文化遗产保护的各项工作逐步纳入法制化的轨道。同时，地方性法规已经成为我国文物法律体系框架的重要组成部分。各省、自治区、直辖市的人大常委会和政府结合当地实际，制定了大量文物保护地方性法规、规章、自治条例和单行条例，[①]对当地文化遗产事业的发展起到了重要的促进作用。

要不断加快立法进程。依法行政的前提是完善立法，法律和法规具有规范性、权威性、稳定性和科学性等特点，是法制建设的基础。文化遗产法制建设，是文化遗产保护能力建设的重要组成部分，也是文化遗产保护最有力和最有效的基础保障。只有健全法制、依法办事，才能更加广泛、深入地动员社会各界参与文化遗产保护，并保证国家文化遗产保护政策的连续性和稳定性。今天，文化遗产事业正在迅速发展，面临的机遇和挑战也在不断变化，文化遗产保护的法律保障体系需要不断适应新的形势加以补充和完善。因此，要及时总结文化遗产事业发展的经验，深化对我国文化遗产保护状况的调查研究，进一步完善立法程序和立法方法，在现状基础上，制定更为完整的文化遗产保护法律法规体系，包括专项法规与政策的研制，为保护管理提供保障。在完善法律法规体系的过程中，应理顺不同文化遗产类型的管理职权，使文化遗产在类型划分、评估体系、保护对策、管理分工等方面，建立起清晰明确、协调统一的制度，使文化遗产资源得到有效的保护和管理，并与社会发展获得相互协调。

① 注：2008 年 5 月，国家文物局编辑出版了《文化遗产保护地方法律文件选编》，共收录了《文物保护法》修订实施以来，由各省、自治区、直辖市以及较大城市的立法部门颁布的有关地方性法规、规章 74 部。

要不断提高立法质量。从形式上看，我国有着自己的文化遗产保护法律法规体系，但是现有的法律法规体系并不完善，特别是专项法规、技术规范、管理制度缺失较多。应不断开展修改和完善现行法律法规的研究工作，不断补充和解释法律法规；应加快地方性法规编制工作，从而更加有力地支撑和丰富文化遗产保护法律法规体系。根据需要积极制定符合实际的专项法规。目前，缺乏针对不同类型的文化遗产，例如“历史文化街区”“大遗址”“乡土建筑”“工业遗产” “非物质文化遗产”等保护方面的专项法规；缺乏考虑文化遗产的各种产权性质问题，例如公有、混合产权、私有等方面内容，而不同性质的产权对文化遗产保护管理方式及制度有着明显影响。同时，对于文化遗产认证、文化遗产管理以及文化遗产保护工程，缺乏形诸条文的指标；缺少针对具体的文化遗产项目或区域制定的专项法规，而在文化遗产保护先进国家，凡是已经国家指定保护的文化遗产或文化遗产区域，几乎都有一部专门的法规。

目前已有的文化遗产保护法律法规体系，还留有许多不足和缺陷，需要认真借鉴国际文化遗产保护的先进经验，结合我国文化遗产保护实际，大力加强立法工作，实现文化遗产法律框架体系的丰富和完善。例如：抓紧制定《博物馆条例》，明确博物馆的法律地位，清晰博物馆的权利和义务，为博物馆在社会生活中发挥重要作用提供法律保障；制定《世界文化遗产管理条例》，在《世界文化遗产保护管理办法》的基础上，通过制定行政法规，使国际文化遗产保护先进经验更有效地适应我国国情，也使我国的世界文化遗产保护管理经验，更好地服务于国际人类文化遗产保护事业；制定《文物保护单位管理条例》，丰富文物保护单位制度的内涵，发展文物保护单位的管理理念，强化管理措施，完善文物保护单位的核定公布制度，规范和促进文物保护单位的有序利用；修订《中华人民共和国水下文物保护管理条例》，结合我国水下文物工作的实际需要，将《文物保护法》的有关规定以及《联合国教科文组织保护水下文化遗产公约》规定的保护要求和方法，具体落实到水下文物保护工作中来。

二、加快文化遗产保护规划编制

今天，文化遗产保护必须立足于我国的文化遗产特点，符合国家的经济社会发展目标，满足广大民众对文化遗产事业的需求，努力探索和构建具有中国特色的文化遗产保护理论体系，开拓和实践具有中国特色的文化遗产保护道路，为人类文化遗产保护作出应有的贡献。实现这一目标，意义重大、任务艰巨、影响深远。为此，我国亟须编制国策层面的文化遗产保护发展规划，全面指导文化遗产事业发展。我国数量巨大而且保护现状相当严峻的文化遗产领域，对于保护的要求既广泛又紧迫，需求不断呈现多样化趋势。从现代理念出发，所有的文化遗产都应当积极保护，从现实情况出发，面对有限的资源配置，必须按照轻重缓急进行保护规划，使这些文化遗产资源最大限度地得到保护并发挥效用。因此，编制文化遗产保护发展规划具有重要意义。这一规划应立足于我国文化遗产资源的特点和状况；立足于当代经济、政治、文化、社会对文化遗产事业的发展需求；立足于文化遗产事业的发展前景，提出过去或未曾思考、或思考不深、或需重新思考的，具有基础性、战略性和前瞻性的规划目标。在文化遗产基础理论方面，完善符合我国文化遗产资源特点的文化遗产分类系统，建立适应我国文化遗产发展趋势的保护理论体系。在文化遗产保护投入方面，全面而科学地测算我国文化遗产保护投入需求，为国家文化遗产预算提供依据，使保护投入需求和经费预算的确定建立在成本－效益分析和成本－效果分析的基础上。

通过法定程序制定并公布保护规划，目前已经成为我国文化遗产法律体系框架的重要组成部分。近年来，一大批全国重点文物保护单位和世界文化遗产的保护规划陆续编制公布。实践证明，保护规划已经成为保障文化遗产得到有效保护、合理利用、规范管理的基础，是文化遗产保护工作至关重要的环节。对于文化遗产的保护而言，保护规划具有规范性和权威性，既是保护管理的科学依据，也是具有特定职能的法规性文件，还是直接指导文化遗产地保护和利用工作的操作规程，具有法律效力。编制保护规划的目的是使文物本体及其相关环境得到有效保护，并在保护的前提下，发挥社会作用，促进文化遗产所在地区社会、经济、文化和环境的协调发展。保护规划的实施，有利于保护文化遗产本体的真实性和维护文化遗产环境的完整性；有利于指导文化遗产管理机构正确行使管理职能；有利于统筹安排和控制保护范围及建设控制地带内的文化遗产保护工程及各类建设活动；有利于核定和控制文化遗产地参观人数总量，限制超量接待对文化遗产的不利影响。因此，应根据各文化遗产地、文物保护单位的特点，积极推动保护规划的编制工作。

近年来，为了加强保护规划编制和审批的管理，制定了《全国重点文物保护单位保护规划编制审批办法》《全国重点文物保护单位保护规划编制要求》，前者对规划编制的指导方针和基本原则、与国民经济社会发展规划等其他各类规划的衔接、组织编制单位、规划主要内容、编制深度要求等作出明确规定；后者对保护规划技术文件的内容和深度进行了统一，并明确规定了对各组成部分的要求。实际上制定保护规划本身，既是科学研究的过程，也是对保护对象认识深化的过程。只有对文化遗产所具有的价值、价值构成的要素、影响其安全的主要因素、保护所要面对的核心问题和相关问题、保护所应采取的技术路线和手段等方面的问题，通过规划的方式达成共识，明确科学的保护工程系统，才有可能更为有效地对文化遗产实施保护。在国家层面，当前十分紧迫的任务是完成全国重点文物保护单位和世界文化遗产的保护规划编制工作。特别是抓紧制定长城、大运河和丝绸之路等文化遗产的保护总体规划，这些巨型、线型文化遗产地域跨度大、年代跨度长，无论在保护理念上，还是在保护方法上，都具有较强的特殊性，通过保护规划所确立的制度和所具有的法律约束力，使这些文化遗产沿线的省、市、县各级政府和有关部门凝聚力量，在保护工作中更好地分工和合作。

文化遗产保护规划应该放眼世界，时刻了解国际社会文化遗产事业的发展状况，了解文化遗产在全球经济、政治和文化中的独特作用，了解各国文化遗产保护的学术思想、先进理念、保护技术、管理制度等方面的创新实践。在保护实践中，为文化遗产寻找保护性再利用的方式越来越受到重视，人们在制定保护规划的基础上，通过保护性再利用，使文化遗产的重要性得以最大限度的保存和再现，并不断为社会提供服务。“为了找寻恰当的用途，人们必须首先通过制定包括管理政策在内的保护规划确定场所的重要意义。保护规划将有助于界定场所的文化意义，并将它与未来的有关问题相联系。”[①]正如《巴拉宪章》所指出，在制定保护规划过程中应解决如下问题：预期的用途将会产生何种影响？将会出现的变化是否会影响该场所的文化价值？变化是否达到最小或可逆？应对某些文

① [奥]艾利森·麦格斯．改造性再利用．彭琼莉译．王丰年校．世界建筑，1999（5）:44

化遗产地或文物建筑恰当的再利用途径进行深入思考。当计划中的利用功能与文化遗产地或文物建筑的保护价值明显不相适应时，这种利用方案不能实现和不应实现。因此，保护规划应该在更宽广的范围内，为文化遗产的保护性再利用引领方向，以使更多的文化遗产地和文物建筑融入人们的社区生活，既使它们得到有效保护，又使它们发挥出综合效益，为社会提供可持续的服务。

三、构建文化遗产保护标准规范

完整的文化遗产保护法律法规体系，不仅包括法律、法规、规章、规划，而且应当包括相关标准、规范等各个层面。但是，长期以来我国的文化遗产法律法规体系建设，重法律、轻标准，对分属不同类型的文化遗产保护、利用和管理行为，强调定性而缺乏定量，缺乏系统的、可行的以及具体的标准和规范，缺乏绩效考核。与其他行业相比，文化遗产保护领域的标准和规范的建设，相对滞后和缓慢，在这种状况下，不仅无法有效保障文化遗产的安全，甚至常常会造成有意无意的“保护性破坏”，极大地阻碍了文化遗产事业的健康发展。随着经济建设的迅猛发展，城市化进程的不断加快，我国文化遗产保护工作压力明显增大。在面临巨大挑战的同时，也带来了文化遗产事业发展的难得机遇。文化遗产保护科技投入不断加大，优秀科研成果不断涌现，科技创新能力持续提升，为行业标准化进程的加快创造了良好的发展环境，也提供了雄厚的技术储备。今天，加强文化遗产保护标准化建设和行业标准化战略研究，已成为我国文化遗产保护事业发展的必然要求。

标准化是国民经济和社会发展的重要基础和保障，标准化战略是新时期国家科技工作的三大战略之一，新修订的《文物保护法》

及其《实施条例》已将标准化工作纳入其中。我们必须针对我国文化遗产保护的自身特点，尽快建立起具有中国特色的文化遗产保护标准化体系，从而提高我国文化遗产保护水平，推动我国从文化遗产大国向文化遗产保护强国的战略转变。文化遗产保护作为社会发展的重要组成部分，通过行业的标准化建设，全力推进文化遗产保护工作的科学化、规范化，从而促进整个事业的健康发展，是一项非常重要而艰巨的系统工程。文化遗产是人类共同的财富和不可再生的资源，是人类文明发展过程中的智慧结晶和历史见证。对于文化遗产的长久保护越来越受到国际社会的重视和关注。人们也越来越清晰地认识到科学技术是文化遗产资源永续保存的有力保障，而且具有跨领域、多学科交叉的鲜明特点。科学技术的发展是推动标准化建设的重要基础，而标准化则是对科学研究和技术成果的高度提炼，是科研成果得以迅速推广和应用的重要手段。

标准化体系是一个领域标准化工作是否能够全面、系统、健康发展的先决条件，标准化体系的建立又取决于发展理论的基础研究和规划研究的水平。因此，要积极开展文化遗产保护技术标准化体系建设的基础理论和发展规划研究，力求尽快建立科学合理、先进适用，适应我国文化遗产事业发展的标准化体系，最终实现文化遗产的保护、研究、利用、管理等全方位的质量与安全技术控制。为我国的文化遗产领域标准化建设设计科学的、切合实际的规划蓝图，从而在有序的、可控的环境下，快速建立并逐步完善我国文化遗产保护标准化体系。当前，应积极探索政府推动、科研单位参与的标准化工作机制，构建文化遗产保护领域的基础标准、技术标准、管理标准和作业标准等不同层次的架构，将标准研究项目分批纳入国家服务标准发展规划，按计划及时推出一批行业标准和国家标准，改变我国在文化遗产标准化领域所处的弱势地位。通过启动行业标准体系建设，实施“行业标准建设”计划，以推动技术应用和规范管理为目标，重点将一批先进科技成果转化为行业标准和规范；通过制定一批有利于文化遗产认定、文化遗产保护、文化遗产管理等各项工作的评价指标体系和行业标准及规范，有效解决认定无规、质量无据、管理无序等诸多现实性问题；通过建立行业质量认证和准入制度，开展与重要技术标准相关的基础检测手段、方法和计量标准研究，推动地方、行业标准试点工作。

近年来，国家进一步明确了文物行政部门行业标准的归口管理范围，涵盖了不可移动文物、可移动文物、文物调查和考古发掘、博物馆以及文物保护、博物馆信息化及信息建设等五个方面。经过积极筹备，组建成立了全国文物保护标准化技术委员会，使文化遗产保护领域标准化建设工作迈入了快速发展期。一方面，加强沟通和协作，组织、协调和指导与之相关的标准化研究、制定、实施和监督工作，使标准化的各项工作成为常态性工作加以落实。另一方面，出台相应的政策和措施，全力推动文化遗产保护标准化工作的深入开展，确保行业标准化建设的顺利实施。针对文化遗产保护技术标准研究中存在的突出问题，结合文化遗产保护行业科研能力的实际情况，组织开展了我国古代壁画保护、石质文物保护、古代丝织品保护、馆藏金属文物保护等多项标准的研究制定工作。在文化遗产管理层面，加快了行业技术标准的制定和公布实施，特别是直接与文化遗产本体保护有关的标准化制定工作。组织制定并发布了《文物系统博物馆风险等级和安全防护级别的规定》《近现代一级文物藏品定级标准》《全国重点文物保护单位记录档案工作规范》《全国重点文物保护单位保护规划编制要求》《文物保护行业标准管理办法》《文物出境审核标准》等20余项国家和行业标准，在文物价值认定、文物档案管理、保护规划编制、文物安全防范等方面发挥了重要作用。

应加强文化遗产行业标准的创新性。环保、安全、健康已成为当今人类社会发展的重要主题。在标准化领域，这些主题也已成为国际社会高度关注的重要内容，给行业标准化建设提出了更高的要求。文化遗产领域的标准化建设也必须转变观念、与时俱进，加强保护技术、材料应用等方面的基础性研究，不仅要关注文化遗产本体的安全，也要重视与文化遗产相关的周边环境质量、文化安全以及人体健康等诸多问题，学习借鉴相关领域标准化制定的先进经验，提高行业标准的先进性和创新能力。随着科学技术的日新月异，新材料、新技术的不断涌现，我国文化遗产保护工作量的持续增长，必将促使新的技术和产品在文化遗产保护中广泛应用，这也是未来必然的发展趋势。因此，要加强这些技术和产品对文化遗产、相关环境和人体健康影响的科学评估，加强与之相关的标准及准入制度研究，建立相应的检测标准和准入体系，建设相应的权威性准入检测机构，以保证相关技术和产品应用的安全性，规范与文化遗产保护有关的技术和产品市场，同时也将大大促进全社会优势资源和优质力量积极投入文化遗产保护中。

在国际文化遗产保护领域，应选择能够发挥我国自身优势、体现自身特色的发展方向，以确立相应的国际地位，从而维护国家的文化安全和文化利益，力求实现“国家标准的国际化”，使我国的文化遗产保护标准成为国际社会具有一定影响力的标准，使我国在国际文化遗产保护领域成为一支重要力量。近年来，通过争取一系列相关领域的重要国际会议在我国举办，结合我国文化遗产保护实际，积极取得各界的理解与共识，诞生了一系列具有影响力的文化遗产领域的国际性文件。其中包括2005年10月在西安召开的国际古迹遗址理事会第15届大会上诞生的“保护历史建筑、古遗址和历史地区环境”的《西安宣言》；2006年5月在绍兴召开的“第二届文化遗产保护与可持续发展国际会议”上通过的《绍兴宣言》；2007年5月在北京召开的“东亚地区文物建筑保护理念与实践国际研讨会”上通过的“关于东亚地区文物建筑保护与修复”的《北京文件》；2007年6月在北京举办的“城市文化国际研讨会”上形成的《城市文化北京宣言》等。这些是在我国产生的第一批关于文化遗产保护的国际性文件，这些文件不但采取了宣言、文件等庄严的形式，而且融入了大量具有我国文化遗产保护特点和实践经验的内容，不但与现今国际相关先进理念接轨，而且具有强烈的“中国特色”，必将在国际文化遗产领域产生重要影响。但是在国内对于这些国际文件的推广和应用明显不够，需要进一步对其现实意义予以挖掘和深化。

绍兴三味书屋

建立文化景观遗产保护法规体系

（2010 年 1 月）

高速推进的城市化进程，使文化景观遗产与城市发展在地理、经济、文化、社会等各个方面均发生着密切的关联，成为维系城市历史与城市空间的纽带。任何历史性城市都具有显著的文化特点，这种特点来源于对城市自然环境和文化特色的认识与强化，只有尊重城市的自然环境，不加以随意抹杀和伤害，同时不断对城市的文化特色进行保护、修复和提高，才能成为杰出的文化景观遗产城市。文化景观的形成是一个漫长的过程，每个时代都按照当时的文化标准对文化景观施加影响，因此文化景观被视为持续维护、不断完善的动态人文环境。正因为文化景观在时间和空间上不断发生着变化，从而造就了不同时代的不同文化特色。同时，不同民族、不同文化背景所创造的文化景观各具明显的特征，亦应根据不同类型进行具体分析，制定有针对性的专项保护法规。特别是对于深处城市发展用地之中的文化景观，在作为文化遗产加以保护的同时，也应作为城市开放空间参与到居民的现实生活之中，以整体保护理念为指导，从人们的现实生活和情感需要出发，统一文化景观遗产保护与经济社会发展的关系，带动文化景观遗产融入社会生活。正因为如此，当前文化景观遗产保护法规体系的建立，具有极为重要、极为紧迫的意义。

长期以来，一些发达国家将文化景观控制规划的最终成果，以法规、条例、规章等制度文本加以公布实行，对规划原则、权利责任、法律程序、景观主体、公众参与、实施过程等作出详细的规定。在法国，文化遗产保护法规体系不断完善。1930 年出台的《风景名胜地保护法》，将天然纪念物和富有艺术、历史、科学、传奇及风貌特色的地点列为保护对象，其中包含了自然保护区、风景区、小城镇和村落等。这一法律可能是世界上最早将小城镇、村落划为保护对象的国家立法。1943 年 2 月通过的《纪念物周边环境法》规定，在“历史建筑”周围 500 米半径的范围内采取保护措施，建筑与环境方面的变化都必须得到国家权威部门的批准。1962 年颁布的《保护地区法》（《马尔罗法》）明确指出：文物建筑与其周围环境一起加以保护。建筑外观的变化要自觉接受国家建筑师的干预，建筑的广告和招牌也要接受国家建筑师的监督。因为，文化遗产与其周边地区的空间有着密不可分的关系，其周边环境上的任何变更都会影响到对文化遗产的感受及其持续保护。1983 年和 1993 年法国又分别颁布了《建筑和城市遗产保护法》与《风景法》，突破了文物建筑周围 500 米的保护半径，进入了对成片建筑群、自然风景、田园风光等广义的文化遗产实行区域性保护的阶段。目前，在法国各类保护区覆盖了大面积的国土，涵盖了各个时期的建筑物群和自然风景，例如自然景区、考古遗址、历史城镇等。[①]截至 2000 年，法国受到国家保护的历史遗产有 4 万处，保护面积占法国国土面积的 6%，而在有些省份已达到16%，在有些历史文化名城甚至高达50%。今天，文化遗产及周围环境共同构成的文化景观，已经不容置疑地成为法

① 刘金声.法国对城市规划和遗产保护的监管机制：介绍法国国家建筑师驻省代表处.国外城市规划，2003（4）：47

国民众日常生活环境的重要组成部分。

在日本，1966年颁布了《关于在古都保存历史风貌特别措施法》（《古都保护法》）。该法明确了实施保护的方法，即在古都的行政区域范围内划定若干“历史风貌保存区域”。其标准，一是重要文物古迹及其与之成为一体的环境；二是文物古迹的背景地区，所谓“背景”，不仅指景观通视的视觉背景，而且广义地包括了自然环境“背景”和历史“背景”；三是各处文物古迹之间的连接地带，确定相应的保护区域，划出明确的保护界限。松本城位于松本城市历史中心，为了保护天守阁以及护城河外的东山景观，保持天守阁在人们心目中的重要地位以及维护松本城周围的环境，2001年松本市在城市规划法规的基础上制定了高度控制区域。在松本城的周围划定四个区域实施分区控制，各个区域的建筑高度控制分别为15米、16米、18米和20米。这些高度控制政策虽然遭到开发商的反对，但是对保护松本城文化景观起到了十分有效的作用，也得到了市民的大力支持。[①]在意大利，法律规定必须保持历史性城市的原有格局和风貌，不准以任何名义进行任何形式的破坏。保护区内所有建筑物的外部结构管理权属于国家。无论是居民和商店经营者，还是房产开发商，只能拥有房屋的所有权和内部的使用权，而不拥有对建筑物整体改造的权利。特别是对房屋外部结构做任何性质的维修，都必须按国家相关法律和获得批准的方案进行，不能自作主张。

在美国，20世纪80年代就开始了“国家遗产区”保护行动。美国国会专门制定《国家遗产区伙伴关系法》，其中明确指出：“建立国家遗产区以鼓励遗产资源的保护、展示、增强以及经济可持续性，

① 苏东宾，聂志勇．浅谈如何通过建筑物高度控制来形成良好的城市景观．国际城市规划，2007（2）：104

旧金山艺术宫

并让公众了解和欣赏美国丰富遗产中的许多资源地点事件和人物，这符合美国的国家利益，并有利于未来一代。”受此推动，国家遗产区蔚然成风，数量目前已达40个。值得注意的是，美国的国家遗产区均由美国国会任命，并且一区一法。由此可见国家遗产区在美国的重要地位。1976年，美国国会通过了《民间文化保护法》。所谓民间文化，是指美国民间不同地区、不同族裔及不同家庭、职业和宗教团体的传统文化，例如生活习俗、语言、文学、艺术、建筑、音乐、戏剧、舞蹈、手工艺制作技术等，一般是通过口头表述、模仿或表演得到传承。然而直到20世纪80年代，“非物质文化遗产”才成为与“物质文化遗产”相对而称的术语，成为人们普遍接受的文化概念。这些看不见、摸不着的文化形态，镌刻于人们的脑海里，铭记于人们的心目中，形成人们的集体记忆。虽然这些因素往往是无形的，但是具有更重要的价值和意义。同时，人们认识到，物质文化遗产与非物质文化遗产共同构成了人类文化遗产的整体，只有完整地对物质文化遗产和非物质文化遗产进行整体性的保护，才是对人类文化完整的记录和延续。

在澳大利亚，南澳大利亚州自1982年开始设立第一个“州遗产区”，在该州的《遗产法》中规定，“鼓励遗产地的可持续利用与适应性利用，这些利用应能与高标准保护、保存遗产价值和相关的发展政策相一致”。至今已设立了17个“州遗产区”。无论是美国的“国家遗产区”，还是南澳大利亚州的“州遗产区”，设置它们的目的中，都明确包含了保护和发展要求。在其他国家也有类似的行动。例如新西兰设立的威泰克里山遗产区；英国以铁桥峡谷为代表的工业遗产区；法国“区域公园”形式的遗产区；斯堪的纳维亚半岛的“生态公园”；西班牙以伊洛布里盖特河廊为代表的遗产区等。由此可见，这种集保护和发展于一身的遗产区管理方式，已被普遍接受。

2002年4月，苏格兰自然遗产部和城市委员会组织撰写的《英格兰和苏格兰景观特色评价导则》正式出版。该导则是针对所有与城市景观特色工作相关的机构、组织和个人所编制的基础工作手册，系统地分析了景观特色的影响要素，并构建了景观特色的评价体系与评价方法，其目标是要求通过景观特色评价来推动城市特色的塑造，促进环境保护和资源有效利用，为英国城市可持续发展奠定基础。《导则》的最大特点就是将“特色识别”“作出判断”与“制定决策”通过独立步骤分别操作，以避免在“特色识别”过程中受到研究者主观价值判断的干扰，从而确保景观特色评价结论的公正客观。这种方法被业内人士誉为是“一种系统化的、公正透明的评价方法”。

自《导则》出版以来，在实践应用中赢得了广泛赞誉，认为“该导则是对当代城市景观特色评价工作的最前沿的指导，是基于 1999 年以来关于景观特色评价等系列研究的综合研究成果，是所有景观工作者应当必备的工具”。这里的景观并不是必须经过人工设计的，它既可以是乡村风光、城市公园，也可以是城市中的一片废弃地或洼地，是由环境中的自然要素（地理、土壤、气候、植被等）与文化要素（土地利用方式的影响、人类聚居形态等）根据不同组合方式所形成的结果。[①]

高雄佛光山

2004 年 6 月，日本制定了《景观法》，适用于所有城镇和乡村，促进城乡良好景观的形成，以实现保护美好的国土风貌、创造丰富的生活环境以及富有个性与活力的地域社会的目标。在《景观法》的指导下，各地根据当地风土、自然、人文情况的不同，制定适合

① 吴伟等．英格兰和苏格兰景观特色评价导则介述．国际城市规划，2008（5）：97。

本土景观营造的相关政策。一是注重政府行为。从城市景观调查入手，对现有景观进行科学的分析、评价，在此基础上确立城市发展的基本理念、目标和城市景观印象，并制定包括城市整体形象、轴线形象、各类型的景观形象等内容的景观基本计划和景观建设的方法、体制以及景观管理条例。二是注重市民参与。在发布新的都市景观管理办法时，都要先在市民中征询意见，然后进行广泛的宣传，如由政府机构派发宣传单、进行街头宣传等。三是注重文化保护。一方面，对传统街道、传统建筑、历史地区加以维护，改善市民生活条件，并尽可能不对居民的生活方式加以干预；另一方面，在新的环境设计中，注重对传统符号的提取，加深对传统文化精神的理解，使其贯穿在环境设计的始终。例如福冈市政府为了推行都市景观条例，还专门设置了“都市景观奖”，每年奖励景观环境出色的建筑、地区或者设施。该奖设立 20 年来，对于引导、鼓励和检验正确的城市设计和景观环境大有益处，历届获奖项目的成功做法都为福冈市的城市文化景观改善起到了先导和范例作用。

在相关国际组织方面，1981 年世界建筑师大会的《华沙宣言》指出“建筑学是为人类创造生存空间的环境的科学和艺术”，表达了强烈的环境意识观念。人们认识到，在规划城市、设计建筑时以追求环境科学与艺术的质量和文化品位为标志，就会大大提高城市规划、建筑设计的水平。《华沙宣言》所倡导的是衡量当代建筑观念的标尺。也就是说，按照当代建筑学的观念，建筑学应该是环境的科学和艺术，所以要达到当代建筑学的标准就必须达到相应的环境科学的高度和环境艺术的高度。顾孟潮先生指出，“建筑文化的本质特征就在于它是‘环境文化’‘背景文化’。环境一经形成，就成为人们生活、生产、交际、娱乐种种行为的舞台，规定着人们的行为模式，影响着历史的进程和速度。”[①]建筑不仅要满足人们衣食住行的物质需要，也要体现政治、经济、科学、技术、哲学、宗教、艺术、美学观念等精神方面的要求，另外还要满足不同时代、不同地域、不同民族的生活方式、生产方式、思维方式、风俗习惯、社会心理等的需要。这种综合性使建筑成为人类每个历史阶段发展水平的重要标志。因此，建筑设计要从建筑、街巷、社区、城镇等各种物质构成的、大小不一的空间中，看到人们的需求变化，体察人们的思想、活动，了解人们的喜怒哀乐。只有结合一个地区的历史、社会、人文背景，用自己的理解与语言，用现代的科学技术，才能设计出有地方特色的建筑作品。

文化景观遗产代表着一个地理区域内人类与自然互动的结果，是特定的自然环境与人文精神共同作用的成果，它不仅强调其所保护的文化遗产单体，更强调文化景观遗产本身所赖以生存的环境，因此更体现出文化景观遗产在完整性方面的突出特色。2005 年 2 月版的《实施世界遗产公约的操作指南》中对文化遗产的完整性作出规定，即“对于文化遗产来说，遗产地的物理结构和其重要的特征应保存完好，并将绝大部分承载遗产价值的要素纳入世界遗产范围，且退化过程的影响应在可控范围之内。对于文化景观、历史城镇或其他以延续性为其特色的遗产地来说，其中的各种关系及动态功能应予以维持”。同时还指出：“纳入《世界遗产名录》中的文化景观范围应相对于其功能性和可识别性而言。任何一处作为‘样板’的文化景观都必须具备充足的要素来代表该处文化景观所要表达的全部内容。”“除了世界遗产通用的保护与管理准则之外，还应关注文化景观展现出的整体价值，无论它是文化的还是自然的。”要

① 顾孟潮．建筑文化的特征及价值．中国建设报，2009 年 4 月 13 日，第 3 版

统筹城市土地资源与文化景观遗产的合理利用，整合保护需求与城市发展需求，谋求双方目标的协调一致，实现文化景观遗产保护与地方社会经济文化可持续发展的和谐关系，最终实现文化景观遗产价值的整体保护。

2008 年 9 月，第 16 届国际古迹遗址理事会会议在加拿大魁北克召开，会议通过了《文化遗产地阐释与展示宪章》。该宪章主要涉及认真高效的公共遗产宣传教育的方法与技术。会议认为，在当代社会环境和人为因素对遗产威胁愈加显著，以旅游创收而不是保护或教育为目的的遗产“主题公园”在世界各地的数量不断增加的情况下，在国际范围内通过一个针对遗产阐释与展示的宪章日益重要和必要。该宪章没有对遗产地展示规定具体的内容，也没有为如何向公众解释特定的古迹遗址或文化景观强加一个统一的形式，而是更着力于“享用权”“信息来源”“背景环境”“真实性”“涵盖性”“可持续性”“研究、教育与培训”等基本问题的探讨，确保以上各方面问题得到认真思考，并纳入包括游客、相关社区等所有利益相关者的公共沟通与地方教育体系。

历史街区是历史性城市保护的重点，其保护不是简单的规划问题，而是综合性的社会实践。20 世纪 60 年代以来，各国开始注重历史街区保护方面的制度建设。在英国，对于保护区内登录建筑的改建申请十分严格，一方面，规划部门在作出决定前必须告知公众，并通知指定的地方民间保护组织，在 21 天以内，地方当局进行检查，并听取公众意见，然后对申请作出决定；另一方面，在保护区内登录建筑的保护中，将民间团体的介入规定在法律程序之中，作为法律依据之一，使文化遗产的保护除政府和私人两方外，增加了第三方的力量，强调了文化遗产的“公共属性”，使保护成为名副其实的民众广泛参与的运动。同时，英国努力将保护区中的居民参与规范化，通过制定保护区的详细规划指南，将专业的规划文件和管理规定转化为易于居民理解的管理手册。通过指南，居民能够了解自己因为拥有保护区内的地产而可能得到的政策优惠以及需要承担的责任和义务。这种方式既提高保护过程中居民参与的积极性，又使参与过程规范化。①事实证明，让公众参与历史街区保护，不但有利于提高决策的民主化与科学化，而且能增强人们参与城市文化建设和文化遗产保护的积极性，提高市民的主人翁意识，体现尊重公众的知情权、参与权和监督权。

在法国，历史保护区制度通过严格执行保护规划和充分运用各种政策来实现保护目标。法国历史保护区的保护实施具有以下特点。一是中央集权管理。法国的历史保护区管理是一种严格的自上而下的体系，由国家建筑师全程参与规划方案制定、决策和规划实施。中央政府的直接控制能够确保历史保护区以保护优先，并且历史保护区的保护和发展最大限度地有利于整个社会，而不是一部分团体或个人受益。二是保护规划的协调。历史保护区确定规划的过程，实际上是协调多方利益的过程，保护规划需经过技术部门、政府部门和公众的共同磋商，过程较为艰苦而漫长，但是一旦达成一致，对所有相关人的责任和义务都有明确的规定。这种方式避免了弱势群体利益受损，同时严肃了规划的法律效应。三是发展和保护的目标分别由不同规划类型实现。法国除历史保护区制度之外，还有“建筑、城市和风景遗产保护区”制度，从城市空间和景观的整体性角度，由地方政府对一定范围内的历史遗产进行保护。法国分别在历史保护区和历史保护区外围，进行历史保护区规划和“建筑、城市和风

① 王伟英．看英国如何保护历史街区．中国文化报，2009年7月21日，第6版

景遗产保护区”规划两种不同类型的规划，并区别保护和发展作为二者各自的侧重点，既保证保护和发展互不偏废，又使保护和发展的矛盾通过空间错位而减少冲突。①

在日本，1975年对《文化财保护法》进行修正，增加了以历史街区为保护对象的部分。日本历史街区的保护实施具有以下特点。一是由市民自下而上推动的保存制度。日本历史街区保存制度的建立往往是由市民自下而上加以推动，自主推动历史街区保护的实施，并进而推动历史街区的立法保护。这种以居民为主体的保护，发挥了历史街区的社会价值，并且具有可持续性。目前，日本的历史街区保护还在积极探索形成以地方居民为中心，由行政、企业、技术三方参与组成的实务性体制，来实现历史环境保护的目标。二是历史街区保护工作的多部门合作。为创建有吸引力、有个性的城镇景观，文化厅、环境厅、国土厅、建设省等各部门均出台有关政策，设立的财政补助项目已经超过50种，体现出历史街区保护是一项需要多部门协作的综合性工作。三是地方和国家两级保存制度。在日本，人们普遍认为无论是保护还是再生，历史街区保护的着眼点都在如何使生活更美好、环境更宜人。这种非经济性的目的正是保护运动之所以能够在日本各地扩展开来的根本原因。在此基础上，设立国家级的“重要的传统建造物群保存地区”，进一步鼓励历史街区的保护行动，使保护历史街区及其环境作为国家事业在全国范围内加以推广。②

在我国，1986年国务院在公布第二批国家历史文化名城的文件中提出了“历史文化保护区”的概念；2002年，在新修订的《文物

① 王伟英．看法国如何保护历史街区．中国文化报，2009年7月7日，第6版

② 王伟英．看日本如何保护历史街区．中国文化报，2009年7月14日，第6版

保护法》中定名为“历史文化街区”；2008年国务院公布实施的《历史文化名城、名镇、名村保护条例》仍然沿用这一概念。近年来，北京市开展了历史文化街区综合保护修缮工程，采取以修缮为主、良性循环的推进方式，重在解危排险与保护古都风貌并举，实施整体保护性有机更新。2008年，北京市政府安排10亿元专项补助资金，对历史城区44条胡同的1400个院落，近万户居民的四合院民居，按照《北京旧城房屋修缮与保护技术导则》的要求进行保护修缮，并努力保持胡同、四合院民居的传统格局和古都风貌。大多数四合院民居内居住着多户居民，建筑师通过规划设计创新，针对不同院落进行个性设计，包括安排独立的厕所和厨房，努力营造多户合居的“宜居四合院”。修缮后的院落居民回迁后，不少产权单位都和承租居民签订了风貌保护公约，引导居民最大限度地将风貌保护与改善居住条件相结合。同时，施工单位按照清末民初北京民居的传统工艺进行修缮，使用“一檩三件”的老式工艺、“丝缝碱”的施工技法和停泥砖、清水枭混儿等传统材料，使修缮后的胡同、四合院保持了原汁原味。[①]

2009年3月，北京市又公布实施了《北京旧城历史文化街区房屋保护和修缮工作的若干规定（试行）》。这项规定使北京市旧城历史文化街区房屋保护和修缮以及所涉及的胡同整治、市政基础设施改造和居民疏散等相关工作，有了更为严格的制度保障。规定指出旧城历史文化街区房屋保护和修缮工作，应坚持整体保护、有机更新，政府主导、多方参与，保护风貌、改善民生和促进发展相结合的原则。今后北京市旧城房屋保护和修缮方面，主要通过改建、大修、中修、小修等方式进行，应当符合以下要求：与历史文化街

① 董城．北京西城让老街老院更古朴宜居．光明日报，2008年8月1日，第2版

区的空间格局、建筑体量、尺度、形式、色彩等传统特征相协调；保存胡同肌理、传统四合院的原有格局；保存不可移动文物和其他历史建筑及建筑构件等历史遗存；房屋修缮施工应当使用传统材料，采取传统做法，保持传统形式，修缮后应当达到结构安全、能源清洁、设施基本完善的要求，符合抗震和建筑节能标准。规定要求，对不同类别的房屋，采用不同方式进行保护和修缮：文物类建筑应依据有关文物保护的法律和法规进行严格保护；保护类建筑只可按原有建筑格局和建筑形式进行修缮，不得拆除、改建和扩建，如确需对其内部进行现代化改造的，应保留原有格局和外貌；旧城内被确定为保护院落的，按照保护类建筑进行管理；改善类建筑应以修缮为主；经鉴定为严重破损或危险房屋的，可按历史格局和外貌翻建。

近年来，各地根据文化景观遗产保护的实际需要，陆续出台了一些具有针对性的法规性文件。例如《红河哈尼族、彝族自治州红河哈尼梯田管理暂行办法》（2001 年）、《杭州市西湖龙井茶基地保护条例》（2001 年）、《承德避暑山庄及周围寺庙保护管理条例》（2003 年）、《银川市贺兰山岩画保护条例》（2003 年）、《南京城墙保护管理办法》（2004 年）、《福建省“福建土楼”文化遗产保护管理办法》（2006 年）、《洛阳市汉魏故城保护条例》（2006 年）、《郑州市嵩山历史建筑群保护管理条例》（2007 年）等，这些法规性文件都对文化遗产的环境保护作出明确规定，为进一步实现文化景观遗产的保护奠定了基础。2007 年，《北京市限建区规划（2006—2020 年）》编制完成，该规划将北京市的土地划分为三大类：禁建区、限建区和适建区。禁建区包括绝对禁建区和相对禁建区，绝对禁建区严格禁止一切城乡建设，面积为 55.5 平方千米，占全市面积的

0.3%；相对禁建区面积为7130.1平方千米，占全市面积的43.4%。限建区包括严格限建区和一般限建区，严格限建区面积为4819.2平方千米，占全市面积的29.4%，一般限建区面积为3878.2平方千米，占全市面积的23.6%。适建区面积为527.1平方千米，占全市面积的3.2%。[①]

在当前大规模的城市改造中，工业建筑作为20世纪数量最大的文化遗产类型，正带着城市发展的珍贵记忆，从人们的视野中悄然消失。“注重经济高速发展时期的工业遗产保护”的《无锡建议》认为，保护工业遗产应该通过以下途径实现：开展工业遗产资源普查，做好评估和认定工作；将重要工业遗产及时公布为文物保护单位，或登记公布为不可移动文物；加大宣传教育力度，发挥媒体及公众监督作用；编制工业遗产保护专项规划，并纳入城市总体规划；鼓励区别对待、合理利用工业遗产的历史价值；加强工业遗产的保护研究，借鉴国外工业遗产保护与利用的经验和教训。澳大利亚所制定的《巴拉宪章》中提出了“改造性再利用”的概念，获得了文化遗产领域的广泛认可，并在工业遗产保护项目上加以推广。这一概念强调，对某一场所进行调整使其容纳新的功能，这种做法因没有从实质上削弱场所的文化意义而受到鼓励推广。“改造性再利用”的关键是为历史建筑寻找恰当的用途，这种用途使该场所的重要性得到最大限度的保存和再现，而对重要结构的改变降低到最低限度，并使这种改变可以复原，具有可逆性。“改造性再利用”的意义在于该场所所容纳的新功能与文物建筑本体、环境和人们的利用相互兼容，不但使再利用后的场所呈现出历史延续感和文化兼容性，而且展现出独具特色的产业类文化景观。

① 规划信息．北京市限建区规划编制完成．城市规划，2007（6）：7

上海工业遗产保护起步于20世纪80年代，1989年8月所推荐的59处优秀近代建筑中，就有上海邮政大楼和杨树浦水厂两处工业遗产建筑。2003年1月起施行的《上海市历史文化风貌区和优秀历史建筑保护条例》中明确规定：建成30年以上，在我国产业发展史上具有代表性的作坊、商铺、厂房和仓库，必须列入优秀历史建筑，并实施有效保护。目前，工业遗产作为文化遗产的一个特殊类型，已有40余处被列入上海市优秀历史建筑保护名单，例如江南制造总局、外滩信号台、外白渡桥、四行仓库、上海造币厂、福新面粉公司、上海啤酒厂、怡和纱厂、工部局宰牲场等重要工业建筑均在这一保护名单之中。1907年建成的外滩信号台，虽然在1956年就已停止运行工作，但是作为外滩地区的标志性构筑物，在市民心中留有深刻印象。1993年，外滩道路拓宽时，对其采取易地保护的措施，信号台塔楼向东南整体位移18米，复建的附属房屋也改作外滩历史陈列馆。建于1924年的上海邮电总局已有80余年历史，营业大楼经过全面修缮、改建，现仍作为邮局使用，并开设了陈列面积超过8000平方米的全国第一家邮政博物馆，它不仅见证了中国邮政的发展历程，也展示了中国邮政的发展历史。[①]

历史悠久的文化景观遗产，都是在延续着固有基因的同时又经过自然选择发展进化而来；都是在内在和外部条件得到相应保障的前提下，才得以留存至今。无论是城市类文化景观还是乡村类文化景观以及其他类别的文化景观皆是如此，它们往往难以完全定格于某一历史阶段的景观特征，而是既具有某个特定的兴盛历史时期的主要特征，又能够适应时代变迁与环境变化，这也是文化景观遗产

① 文丹．留住历史的辉煌与城市的记忆——就上海工业遗产保护访上海文物管理委员会副主任陈燮君．中国文物报，2008年11月28日，第5版

能够得到延续发展的生命活力所在。“可见，有机渐变是保持城市风貌和谐的根本原因所在。”[①]因此，对于文化景观遗产保护，应承认其物理空间以及区域内经济、政治、文化和社会背景下的动态变迁。国际古迹遗址理事会也认为变迁是城市发展中与生俱来的部分，特别是城市类文化景观作为人类社会活动在空间上的投影，其变化和演进必然是一个连续的动态过程。但是尽管如此，在保护规划中仍有必要强调延续、维系与保存的重要性，延续性的保持需要严格控制变迁，需要将文化景观遗产保护的视野贯穿至遗产调查、研究评估、规划管理、监控检测等各个阶段。对文化景观遗产实施的干预，应当建立在对文化景观价值和背景环境进行全面而详细分析的基础上，根据文化特色和集体记忆理解原有文化景观结构的合理性，对重要的建设项目进行严格的审核。

文物普查同样是富于创造性的保护行动，是文化景观遗产发现、认识、保护和发展过程的基石。今天，文化遗产保护部门有责任通过建立国家文化遗产普查名录，全面、系统地反映各个地区、城市的悠久历史与灿烂文化。2007 年 4 月，国务院发布了《关于开展第三次全国文物普查的通知》，全国文物普查随即正式启动。今天，随着对文化遗产保护的发展趋势逐渐形成共识，许多文化景观遗产的价值和类型得以认识或重新认知，其蕴含的重要价值得以揭示，及时将这些文化遗产保护领域的新成员纳入普查范围，予以认定登记，有利于实现文化景观遗产的全面、有效保护。伴随着文化景观遗产领域新的概念不断涌现，也必然需要不懈地寻访、调查、研究和整合。这里既包括大型古代城市遗址、乡土建筑遗产和商业老字号遗产等过去虽然有所关注，但是重视不够的文化遗产类别，也包

① 张建华，刘建军．城市历史空间延续中的介质协调方法研究．城市规划，2006（7）：52

括工业遗产、线型文化遗产和20世纪遗产等文化遗产领域的新成员。新的时代要求不断扩大文化遗产保护的专业视野，借鉴成熟的国际文化景观遗产保护经验，全面、多维地展现我国文化景观遗产的非凡气质，以更加“整体的观念”开展对文化景观遗产的综合研究，以更加“超前的视野”对待新时期文化遗产学科的发展，从整体上提升我国文化景观遗产保护水平，为影响和推动全球文化遗产事业发展作出贡献。

京都二条城

关于落实文物保护员制度的提案①

（2010年3月）

文物保护员制度是法律明确规定的一项文物保护工作制度。《文物保护法》第15条规定：各级文物保护单位，分别由省级人民政府和市县级人民政府设置专门机构或者专人负责管理。《文物保护法实施条例》第12条规定：文物保护单位指定专人负责管理的，可以采取聘请文物保护员的形式。《长城保护条例》第16条规定：地处偏远、没有利用单位的长城段落，所在地县级人民政府或者其文物主管部门可以聘请长城保护员对长城进行巡查、看护，并对长城保护员给予适当补助。

文物保护员制度的设立，对文物安全工作起到了重要的促进作用。青海省都兰县的文物保护员每天巡山看护文物，每人每年巡查文物点的行程累计至少在500千米以上，他们还每周三次向县级文物管理派出机构报告文物保护状况和安全隐患动态，有效保护了文物安全，也有力遏制了盗掘古墓葬的违法行为。由于文物保护员的辛勤工作，2009年都兰县的文物安全发案率为零，扭转了长期以来文物安全状况被动的局面。河北省长城绵延3600千米，分布在49

① 此文为在全国政协十一届三次会议上的提案，联名提案人：佘辉 詹祥生 王川平 樊锦诗 高延青 王霞 董良翚 韩书力 刘敏 郭瓦加毛吉 王书平 阿拉泰 孟广禄 陈力 侯露 林建岳 张和平 苏士澍 刘庆柱 安家瑶 席强 杜滋龄 张廷皓 吕章申 杨一奔 赵维绥 杨力舟 姜昆 仲呈祥 耿其昌 陈祖芬 宋春丽 田青 龙瑞 吴祖强 尼玛泽仁 张海 冯英 张柏 夏燕月 丹增 郁钧剑

个县，且大多位于边远山区，交通不便。长城沿线农村的文物保护员在保护长城安全、进行日常维护和及时发现并制止破坏长城的违法行为等方面发挥了极为重要的作用。

但是，由于缺乏专项财政资金保障等措施，文物保护员制度的巩固和进一步落实尚面临严峻考验。青海省的许多文物安全工作虽然依靠文物保护员开展，但是文物保护员的生活补助经费得不到保证，工作经费更是空白。都兰县文物保护员的工作较为出色，但是每位文物保护员的月补助资金仅有一百元。文物保护员在巡查文物点时，或徒步，或骑马，或开着自家摩托车前往，通信设备也只有使用自己的手机，许多巡查工作还需要中途露宿。有的文物保护员说："我们只能徒步巡查，一百元的补助还不够给摩托车加油的。"新疆尼雅遗址地处偏远、环境恶劣，尼雅遗址文物保护员的月补助资金只有 30 元。如此低水平的待遇，致使许多地区的文物保护员队伍缺乏稳定性，人员流失严重。例如尼雅遗址原有文物保护员 3 人，现在仅剩下了 1 人。

事实证明，文物保护员制度不仅能够在保障文物安全方面发挥重要作用，也能够有效提高当地居民保护自己家乡文化遗产的意识和能力，改善当地居民的就业状况和生活水平。为进一步落实文物保护员制度，保障文物安全，推动当地经济社会发展，建议如下。

（1）由国家财政设立文物保护员补助专项经费，用于文物保护员的生活补助和工作条件改善；考虑到一些地区自然环境极其恶劣、破坏文物的违法犯罪形势严峻，也应当考虑为这些地区的文物保护员购买人身意外保险。

（2）为加强文物保护员队伍管理，提高文物保护员的荣誉感和责任感，由国家文物行政部门监制统一的文物保护员证照，各地文物保护员持证开展巡查工作。

（3）各级文物行政部门把文物保护员队伍的组建和管理工作作为日常工作认真开展。国家文物行政部门应当对各地文物保护员制度的落实情况予以指导、监督和检查。

（4）对在文物保护工作中业绩突出、事迹感人的文物保护员，国家文物行政部门应当建立荣典制度，加大宣传力度，定期予以表彰奖励。

关于加强国家文物进出境审核机构管理的提案[①]

（2010 年 3 月）

文物进出境审核管理是遏制文物流失的重要关口。目前，我国已在北京、天津等地设立了 14 个国家文物进出境审核管理处，形成了一支具有较高政策水平和专业能力的文物进出境责任鉴定员队伍，初步建立了文物进出境管理的法规制度体系框架。随着我国社会经济的持续发展和中外文化交流的日益深入，特别是我国文物在国际、国内市场价格的不断提升，我国文物进出境审核工作的复杂性和难度在不断加大，涉及文物进出境审核的工作量和口岸数量逐年增长，迫切需要创新管理理念，改进工作方法，加强国家文物进出境审核机构的管理。

当前，国家文物进出境审核机构管理中存在以下三个主要问题。

（1）机构建设薄弱。按照《文物进出境审核管理办法》的规定，文物进出境审核机构是文物行政执法机构，依法独立行使职权。文物进出境审核机构应当具备下列条件：一是有 7 名以上专职文物鉴定人员，其中文物进出境责任鉴定员不少于 5 名；二是有固定的办公场所和必要的技术设备；三是工作经费全额纳入财政预算。但是，

① 此文为在全国政协十一届三次会议上的提案，联名提案人：韩书力　高延青　阿拉泰　郁钧剑　苏士澍　刘庆柱　郭瓦加毛吉　杨一奔　张海　杜滋龄　杨力舟　陈祖芬　刘敏　张柏　赵维绥　王书平　吕章申　丹增　张廷皓　安家瑶　陈力　孟广禄　尼玛泽仁　詹祥生　席强　龙瑞　樊锦诗　董良翚　林建岳　王川平　姜昆　余辉　田青　仲呈祥　王霞　宋春丽　夏燕月　冯英　耿其昌　吴祖强　张和平　侯露

目前各审核机构均为事业单位。其中，北京、广东、浙江、福建、安徽、河北6个审核管理处是独立法人；天津、上海、河南、湖北、陕西5个审核管理处挂靠于所在省级文物行政部门；江苏、云南、山东3个审核管理处挂靠于省博物馆。审核机构独立性差，难以独立行使文物进出境审核的行政职能。

（2）专业人才匮乏。一是各审核机构人员编制普遍较少，天津、江苏等审核管理处由于挂靠关系，甚至没有专门编制。其他审核机构编制挪用问题较为突出，河北站12个编制只有5名专职鉴定员，严重影响了审核机构的队伍建设和业务开展。二是人才断层。由于文物进出境审核离不开严谨、科学的文物鉴定工作，而文物鉴定又是一项专业性和实践性很强的工作，所以培养一名具有较高鉴定水平的专业人员，需要大量的实践积累和较长的周期。目前，在各国家文物进出境审核管理处担负主要工作的都是已近退休年龄、经验丰富的老同志，而年轻的文物鉴定人员较少，业务水平也有明显差距，青黄不接的问题相当严重。

（3）工作经费紧张。目前各国家文物进出境审核管理处都是财政全额拨款，但财政拨款一般仅限于人头费。各地普遍认为文物进出境审核是国务院文物行政部门根据《文物保护法》委托地方文物部门开展的工作，是在代表国家行使“把守国门”的管理职责，地方财政没有为其设立专项工作经费，这就直接造成了审核机构业务经费紧张，基本的差旅等费用都难以保证。

出现以上问题的根本原因在于体制管理的不顺畅，国务院文物行政部门委托的文物进出境审核工作与审核机构所在地政府所能提供的人员编制、经费保障存在很大矛盾。各审核机构不可避免地在机构建设、人才培养、工作条件等方面存在自身难以克服的困难。

为此，就加强国家文物进出境审核机构管理，建议如下。

（1）推进机构建设。依据《文物保护法》所赋予的管理事权，建议中央机构编制部门参考海关部门的管理体制，将国家文物进出境审核管理处纳入国务院文物行政部门直接管理的范畴，强化审核机构的行政职能，加大对审核机构的管理力度，提高各审核管理处的运行效率。

（2）加大财政支持力度。建议中央财政直接安排对文物进出境审核机构的经费投入，保障其必要的业务工作经费，改善审核机构在工作用车、鉴定设备、办公设备、审核数据处理设备等方面的基础条件。国家文物进出境审核机构也可以承担当地省级文物行政部门规定的文物鉴定工作，地方财政可以进行适当补助。

（3）加快人才培养。增加各国家文物进出境审核管理处专业人员编制，并把责任鉴定员培训纳入国家文物博物馆人员教育培训的统一规划，鼓励中青年专业人员参加培训。加大责任鉴定员的培养力度，切实加强专业队伍的梯队建设，满足国家文物进出境审核管理工作的需要。

关于加强大遗址保护土地政策支持力度的提案[①]

（2011 年 3 月）

大遗址是根据我国考古遗址特点，提出的具有中国文化遗产保护特色的概念。我国大遗址资源丰富，目前 2352 处全国重点文物保护单位中，属于大遗址类别的有 500 余处，占总数的 21% 左右。我国的大遗址是中华五千多年灿烂文明史的物质见证，承载着丰富的历史信息和文化内涵，集中代表了我国传统文化的丰富内涵和历史轨迹，具有不可替代的价值和地位，也是我国文化遗产资源的精髓部分。

大遗址保护一直是我国文化遗产保护工作的重点和难点，在一些历史悠久的城市问题更为突出。当前，大遗址保护面临的严峻形势主要有：一方面，大规模城乡建设导致考古遗址内部环境持续恶化，外部历史风貌也受到严重影响，再加上自然侵蚀、突发灾害和缺乏科学依据的修复等自然和人为破坏因素，使大遗址的保护出现了众多难题和困难；另一方面，大遗址的保护长期以来未能造福当地民众，反而由于受到保护的限制和缺乏相应的政策补偿，而使当地居民的经济收入和生活水平与大遗址以外居民之间的差距越来越大。

① 此文为在全国政协十一届四次会议上的提案，联名提案人：董良翚　王霞　王川平　王书平　王立平　王兴东　龙瑞　田青　冯英　尼玛泽仁　朱乐耕　仲呈祥　刘敏　杜滋龄　杨力舟　吴玉霞　宋春丽　宋祖英　张健　张海　张会军　张国勇　张学津　阿拉泰　陈力　陈醉　陈祖芬　林文增　赵维绥　侯露　姜昆　秦百兰　耿其昌　贾平凹　夏燕月　徐翔　郭瓦加毛吉　黄宏　黄济人　于魁智　马博敏

因此，大遗址的保护状况亟须改善，民众的生存环境亟须改善，城市的整体面貌亟须改善，对大遗址实施抢救性保护已经成为刻不容缓的紧迫任务。

近年来，国家高度重视大遗址保护工作。“十一五”期间，中央财政设立大遗址保护专项资金，投入20亿元启动大遗址保护工程，初步构建起西安片区、洛阳片区和长城、大运河、丝绸之路“两片三线”的大遗址保护格局。高句丽王城、王陵和贵族墓葬、安阳殷墟先后被联合国教科文组织列入《世界遗产名录》，丝绸之路、大运河申报世界文化遗产工作进展顺利，金沙遗址、秦始皇陵、汉阳陵、隋唐洛阳城遗址、大明宫遗址等首批12座国家考古遗址公园正式授牌。伴随大遗址保护和考古遗址公园建设项目的相继启动，不仅为大遗址本体和周边环境的保护、研究、展示和利用提供了空间与可能，而且也改善了当地民众的生活条件，美化了城市环境，提高了城市文化品位。大遗址保护工作已经得到社会各界的普遍认同，社会效益和综合效益日益显现。

近年来，我国城市化进程不断加快，城市发展中的土地利用矛盾加剧。一些分布于城市中心区或城乡结合部的大遗址，因其规模宏大、占地范围广，相关保护工作首先涉及大范围征地和建设用地指标调整问题，使得土地矛盾更加突出。由于大遗址保护用地尚未纳入土地利用总体规划，因此缺乏有效管理和统筹协调。随着大遗址保护工作的有序推进，在西安、洛阳、郑州等大遗址分布密集地区，由于土地政策方面的局限性，使地方政府在进行用地性质调整和土地置换时受到诸多制约，严重影响了大遗址保护工作的深入开展，难以充分发挥大遗址保护在促进地方社会经济发展和改善民众生活水平等方面的积极作用。虽然国土资源部门已经在政策和审批上给予了很大支持，但是目前大遗址保护用地问题仍然处于一事一议，尚未形成完善制度。

结合我国国情和大遗址保护工作的实际需要，亟须进一步调整相关土地政策，在坚决控制建设用地规模、加强耕地特别是基本农田保护的前提下，应当适度放宽对大遗址保护用地的审批控制，将大遗址保护用地与地方土地利用总体规划相衔接，将大遗址保护范围纳入限制、禁止建设区，建设用地纳入土地利用规划中统筹安排。同时，坚持节约、集约利用原则，在城市化进程和新农村建设中，科学合理规划大遗址保护用地，将集约的建设用地用于大遗址保护土地置换；在大遗址保护区内更多地保留耕地、园地、林地、水面等，保持多样化的遗址环境，充分发挥大遗址保护用地的多重功能，提高整体效益。对于国家已经立项、符合规划的大遗址保护用地，国土资源部门应当积极给予支持，足额安排用地计划指标，及时办理用地审批手续。

为确保“十二五”期间大遗址保护和考古遗址公园建设各项工作有序开展，建议国土资源部加强对大遗址保护工作的支持力度，开展专题调研，进一步调整相关土地政策，研究解决大遗址保护在土地使用上的瓶颈问题，尽快开辟“绿色通道”，明确文化遗产保护用地的相关标准，减少审批程序，放宽地方用地额度中对大遗址用地的限制，指导有关部门和地方政府做好相关工作，推动“十二五”时期我国大遗址保护工作达到一个新的水平，切实推动实现大遗址保护促进地方经济社会发展、人民生活条件改善、城市环境改善的综合目标。

在全国人大教科文卫委员会听取《中华人民共和国文物保护法》实施情况时的报告

（2011年11月4日）

今天，全国人大教科文卫委员会专门召开会议，听取国家文物局关于《中华人民共和国文物保护法》实施情况的汇报，充分体现了全国人大对文物工作的高度重视和亲切关怀。按照全国人大教科文卫委员会的要求，国家文物局对《文物保护法》自2002年修订以来的实施情况进行了总结，分析了存在的问题，提出了相关建议。现汇报如下。

第一部分 《文物保护法》修订实施以来所做的工作

2002年《文物保护法》的修订实施，为进一步加强新时期文物工作奠定了坚实的法律基础，极大地促进了文物事业的跨越发展。九年来，国家文物局按照“夯实基础工作、改革创新观念、成果惠及民生”的工作思路，积极推进各项工作，取得了可喜的成绩。

一、法制建设成果显著，法律体系初步形成

国务院高度重视文物保护法制建设，依据《文物保护法》的有关规定，结合文物工作实际，相继颁布了《文物保护法实施条例》《长城保护条例》《历史文化名城名镇名村保护条例》3部行政法规，

发布了《关于加强文化遗产保护的通知》；文化部、国家文物局先后出台了49个部门规章和规范性文件，制定了6项国家标准和33项行业标准,使得法律制度的可操作性和实施效力进一步增强。此外，我国已批准加入5项文化遗产保护国际公约，与14个国家签署防止盗窃、盗掘和非法进出境文物的双边协定或谅解备忘录，切实推动中外文物领域的交流与合作。

依据国家法律法规，结合实际，各省、自治区、直辖市人大和政府先后制定、修订了80项文物保护的地方性法规和政府规章，形成了一些既适应地方特点又具有一定前瞻性的文物保护法规制度。如《北京市实施〈中华人民共和国文物保护法〉办法》《山东省文物保护条例》设立的文物普查、地下文物埋藏区等制度，在全国各地产生了很好的示范作用。

目前，以《文物保护法》为核心，以行政法规为支撑，以部门规章、地方性法规、地方政府规章、规范性文件、行业标准为基础，以国际公约和双边协定为延伸的中国特色文物保护法律体系已经初步形成。

二、行政机构不断健全，执法能力明显提升

根据统计，截至2010年底，全国县级以上政府文物行政主管机构有752个，在编人员6620名，分别比2002年增长124%和288%。2003年国家文物局成立执法督察处，2009年增设督察司，专门负责文物行政执法督察工作。2010年，经国务院批准，建立由文化部、公安部等10部门参加的全国文物安全工作部际联席会议工作机制。2011年以来，国家文物局分别与公安部、国家海洋局、中国气象局等部门联合开展打击文物犯罪、水下文物保护以及古建筑

防雷等方面的专项检查，建立了良好的协作机制。河北、陕西、甘肃、湖北等省份也已经建立或正在筹备建立文物安全工作部门协调机制。

按照法律规定的监督管理职能和国务院关于《全面推进依法行政实施纲要》的要求，国家文物局自2005年至2007年，先后派出20个督察组分赴全国29个省、自治区、直辖市，对世界文化遗产地、全国重点文物保护单位、重点博物馆等400个文博单位进行了专项督察。国家文物局与住房和城乡建设部、公安部等部门，联合督办福州乌塔保护范围内违法建设案、湖南长沙“12·29”特大团伙盗墓案等数十起在全国有重大影响的文物违法犯罪案件。地方各级文物行政部门及时制止和查处了几百起破坏文物本体及环境风貌的违法案件。仅2010年至2011年，国家文物局直接组织培训的文物行政执法人员就达1680名。

三、全民文物保护意识日益增强，社会文物保护力量逐步壮大

各级文物行政部门将文物法制宣传与依法行政相结合、与执法工作相结合、与群众需求相结合、与解决实际问题相结合，不仅组织文物工作者学法、守法、用法，增强依法保护文物的意识和能力，同时还配合全国普法规划的实施，利用各种媒体，通过多种形式，积极开展文物法制普及工作，妥善处理社会关注的文物事件，正确引导公众对文物价值的认识，使依法保护文物意识日益深入人心。各地群众主动保护文物、上交文物、捐赠文物的事例不断涌现。陕西省宝鸡市先后有12批群众自觉保护文物，向国家捐献珍贵文物362件，在全国产生了良好的社会影响。

与国家测绘局战略合作协议签字仪式

与国家旅游局邵琪伟局长会谈并签署合作协议

与国家海洋局签署合作协议

加强甘肃文化遗产工作框架协议签署仪式

按照法律法规要求和文物工作实践需要，国家文物局分别与国家测绘局、国家旅游局、国家海洋局签署战略合作框架协议；与湖北、浙江、陕西、甘肃、四川等省人民政府签署文化遗产保护共建协议。通过部门合作、省局共建，充分发挥了各部门、各地区保护文物的积极作用。与此同时，社会力量参与文物保护的热情日益高涨，文物保护志愿者队伍不断壮大，文物保护员数量有较大增长。

四、法律责任逐步落实，文物保护成果突出

文物保护“五纳入”不断推进。文物保护事业普遍纳入各级人民政府国民经济和社会发展规划，历史文化遗产保护已经列为城乡规划的强制性内容，文物保护所需经费基本列入各级财政预算并逐年增长。仅在经费投入方面，“十五”期间，中央财政累计投入17.36亿元，比“九五”增加10.06亿元，增幅近138%，各级财政共投入78.89亿元；“十一五”期间，中央财政累计投入达164亿元，比“十五”增加147.64亿元，增幅9.02倍，各级财政累计投入超过300亿元。

文物“家底”基本厘清。按照国务院统一部署，完成第三次全国文物普查，全国登记的不可移动文物达80万处左右。目前，我国全国重点文物保护单位总数达到2352处，全国核定公布各级文物保护单位总数达70486处，历史文化名城总数达到116个，国家历史文化名镇名村350个，中国历史文化名街30处。我国世界遗产达到41项，其中世界文化遗产29项、世界文化与自然遗产4项、自然遗产8项（其中自然遗产属住房与城乡建设部管理）。在10余万平方千米的近海海域，西沙群岛以及安徽、江西等内陆省份组织开展水下文物普查，确认水下文物点108处、沉船遗址70余处，为摸清

我国水下文物的分布规律和保存现状提供了丰富的第一手资料。

截至2010年底，全国博物馆总数达到3415个，其中文物部门管理的国有博物馆2384个，非文物部门管理的行业性国有博物馆575个，民办博物馆456个；馆藏文物总数达到2864.2万件（套），其中一级文物6.72万件（套）。初步形成门类丰富、特色鲜明、分布广泛的博物馆发展新格局。完成国有馆藏珍贵文物数据库管理系统建设，共采集文物数据166万余条。准确掌握全国馆藏文物以外的国有文物现状，并加快推动国有可移动文物普查工作。

文物保护状况明显改善。2002年以来，已相继投入7.95亿元开展西藏布达拉宫、罗布林卡、萨迦寺维修和山西南部105处早期建筑及福建114处重要涉台文物等多批重点文物维修保护工程。基本完成三峡文物保护工程规划项目，顺利实施南水北调工程文物保护第一、二批控制性项目。成功实施白鹤梁水下文物保护工程、“南海I号”和“华光礁I号”等水下考古项目，相继建成一批专门保护水下文物的博物馆。初步建立国家、省、市三级世界文化遗产监测巡视体系，世界文化遗产保护工作水平明显提高。加快文物安全防范设施设备建设，组织实施田野文物安全防范技术工程，建立了一批田野文物技防设施，提高了文物安全防范能力。

为改善馆藏文物保存环境，2004年以来，国家文物局相继在湖北省武汉市博物馆、甘肃省平凉地区博物馆等15个博物馆，开展馆藏文物保存环境达标建设试点，基本达到了不同材质藏品存放要求。全国文物系统馆藏文物库房面积由2002年的63.4万平方米增长到2010年的126.2万平方米，增长了99.1%。目前，全国绝大部分省级以上博物馆及部分新建的地市、县级博物馆藏品保存环境有了明显改观。大力推进地市级博物馆文物中心库房建设，探索建立区域珍贵文物集中保管机制，新建 100 个文物中心库房。四川省绵阳市博物馆文物中心库房，在汶川特大地震中发挥了重要作用，存放于库房内的文物无一损毁。

截至 2010 年，全国已建立各级文物保护单位管理机构 2 436 个，人员达 30 171 名，分别比 2002 年增长 16% 和 39%。2010 年度，各级文物行政部门仅对全国重点文物保护单位实施有效巡查就达 22 400 余次。此外，文物行政部门依法审批文物保护工程资质单位 206 家，馆藏文物保护设计资质单位 75 家，馆藏文物修复资质单位 104 家，有效改善了文物修缮、修复工作长期进展缓慢的被动局面。

科技支撑作用显著增强。截至 2010 年底，全国文物系统和相关高等院校共设立文物科研机构 108 家，从业人员 3 846 名，分别比 2002 年增长 50% 和 33%。九年来，文物保护科技基础条件得到明显改善，科研人才培养、科研经费投入、实验室建设、科技仪器设备升级改造、科技图书期刊购置等方面都取得了较大进步。

“十五”以来，国家文物局积极实施科技支撑战略，编制文物保护科学和技术发展规划，组建文物保护标准化技术委员会，建立 17 家国家文物局重点科研基地，支持成立 3 个文物保护科技协作专业和区域创新联盟，先后组织开展“中华文明探源工程”“指南针计划”“大遗址保护关键技术研究与开发”“考古现场文物保护移动实验室”等重大科研项目，取得了一批具有自主知识产权的研究成果。九年来，全国共完成文物保护科技研究课题 4 000 多项，39 项文物保护技术标准正在推广应用，文物行业信息化建设和信息服务水平不断提升，文物保护科技创新体系已初步建立，为不断提高我国文物保护科技水平提供了有力保障。

国际交流合作不断扩大。九年来，全国共举办文物出入境展览

700余个，“十一五”期间出入境文物展览平均每年达80个。伴随着文物出入境展览的质量和层次不断提高，相关学术交流水平也有明显提升。中法文化年、中意文化年、中俄国家年等重大外事活动中，文物展览作为“国家名片”密切配合国家外交大局，成为中华文化的有力传播方式。成功开展柬埔寨吴哥窟、蒙古国博格达汗宫保护维修项目，与肯尼亚合作开展的考古研究项目取得较好成果。圆满承办国际博协第22届大会、第28届世界遗产委员会大会、第15届国际古迹遗址理事会大会等国际会议。与15个国家在打击文物非法进出境的信息交流、成果共享、人员培训、文物返还等方面取得实质性的合作成果。“文化遗产走出去战略”实施以来，我国在国际文化遗产保护领域的影响力和话语权逐渐增强。

文物保护效益明显。九年来，文物部门积极进行理念创新和实践创新，推动文物保护融入经济社会发展、惠及民生，取得了明显的社会效益和经济效益。

创新大型古文化遗址保护和利用工作。“十一五”以来，国家文物局积极推进大型古文化遗址保护工作，推广国家考古遗址公园模式，支持北京、陕西等七省市建设圆明园、大明宫等12个国家考古遗址公园。大明宫国家考古遗址公园建设，既恢复了大明宫遗址应有的历史面貌，也使2.5万户约10万人口以及88家企事业单位，告别了污染严重、交通堵塞、景观杂乱、犯罪率高的“城中村”，为广大市民创造了良好的休闲空间，极大地提升了西安市的城市形象。大明宫国家考古遗址公园开园仅半年，参观人数就达310万人次，实现经营收入9500万元，带动地区社会投资60多亿元，解决了数千居民的就业问题。

积极探索用“以工代赈”的方式进行文物修缮。近年来，国家文物局与相关地方政府及其文物行政部门密切合作，加大培训指导力度，充分发挥民间传统工匠特长，利用传统民间技术工艺，对濒危、损毁文物进行保护修缮。在西藏布达拉宫维修、新疆坎儿井修缮、四川藏羌碉楼灾后抢救工程中，吸收大量当地传统工匠参与文物保护修缮工程，既传播了正确的保护理念，保持了文物的传统风貌，又增加了当地群众的经济收入，同时为国家节约了大量资金。

通过博物馆免费开放实现文化惠民。2008 年以来，按照国务院部署全国文化文物系统博物馆纪念馆实行免费开放政策，并取得重大突破。截至 2010 年，除文物建筑及遗址博物馆外，全国各级文化文物部门归口管理的公共博物馆、纪念馆以及全国爱国主义教育示范基地共 1804 家全部实行免费开放。2008 年至 2010 年，全国文博单位共举办陈列展览达 46649 个，接待观众总量达 13.1 亿人次，各博物馆、纪念馆参观人次平均比免费开放前增长 50% 以上。免费开放大大提升了博物馆的公共文化服务能力，取得了空前的社会效益。

总结九年来的工作，我们深刻体会到，改革开放和经济社会快速发展为文物事业提供了坚实的物质基础。随着广大民众物质生活水平的提高，精神文化需求越来越强烈，对文物保护越来越关注，这既为文物工作提出了新的要求，也为文物事业发展提供了新的机遇。九年来，文物系统抓住历史机遇，认真履行职责，不断推动文物保护理论和实践创新，文物保护基础工作、重大文物保护工程、大遗址保护和国家考古遗址公园建设、博物馆建设和免费开放等，均取得了令人瞩目的历史性成就，特别是为融入社会、改善民生、推动发展作出了重要贡献。

第二部分　《文物保护法》实施中存在的问题

实践证明，2002年修订实施的《文物保护法》基本符合我国文物保护工作实际，对加强文物保护、推动文物事业发展发挥了十分重要的作用。但我们同时也清醒地认识到，《文物保护法》在实施过程中仍然存在许多问题，与经济社会的发展进程不相适应，与广大民众日益增长的精神文化需求不相适应，与建设社会主义文化强国的目标要求不相适应。主要反映在以下几个方面。

一、法律体系尚待完善

《文物保护法》自2002年修订实施九年多以来，国家经济、社会、文化等各方面已发生深刻变化，法律需要随之进行必要补充、修改和完善。例如补充文物市场管理和流失文物追索以及世界文化遗产、大遗址及考古遗址公园、水下文物的保护等内容；修改建设工程中考古调查、勘探、发掘的规定；完善文物保护、利用和文物安全、行政执法的有关制度和要求。此外，与《文物保护法》配套的法规体系建设仍然相对薄弱，文物工作重点领域、诸多方面的技术规范缺失较多，标准化工作相对滞后。

二、执法力度有待加强

《文物保护法》第八条明确规定，地方各级人民政府是文物保护工作的主体，负责本行政区域内的文物保护工作。但是许多地方法律意识淡薄，行政违法案件频发，对文物犯罪打击不力，日益成为法律实施中的突出问题。

由于部分地方政府不能正确处理当前与长远、经济建设与文物保护之间的突出矛盾和问题，管理责任不落实，执法不严、以罚代刑、行政不作为甚至法人违法等现象较为普遍。仅2011年上半年，我们就接报全国各级文物博物馆单位发生行政违法案件50件。据公安部统计，2009年全国公安机关共立文物犯罪案件1111起，其中盗掘古遗址、古墓葬547起，盗窃文物490起。近年来，文物犯罪活动无论是数量还是造成的破坏后果，都有加剧的趋势。特别是《刑法》修正案取消了盗掘古文化遗址、古墓葬罪等文物犯罪的死刑罪名之后，盗掘、抢劫文物的恶性案件在公安部门部署严打的形势下仍然连续多发。

三、文物保护管理体制尚不健全

《文物保护法》第八条规定，县级以上地方人民政府承担文物工作的部门对本行政区域内的文物保护实施监督管理。当前，各级文物部门机构不健全，与文物部门承担的重要职责以及日益繁重的工作任务不适应，全国仅有北京、山西、陕西3省设立了正厅级文物行政部门，其余的省级文物行政部门人员严重不足，平均每省仅10人。市、县一级普遍没有专门的管理机构和执法部门。《文物保护法》第十五条规定，地方人民政府应当为各级文物保护单位设置专门机构或者明确专人管理。国家文物局、公安部于2009年至2010年联合开展安全大检查，发现文物保护单位的机构设置率仅为3.2%，平均每处文物保护单位仅有0.4名专职人员管理，一些文物保护单位特别是古文化遗址、古墓葬近乎处于“失管”状态，盗窃、盗掘案件时有发生。

四、经费投入力度仍需加大

《文物保护法》明确规定了文物保护所需经费列入各级政府

的财政预算。九年来，各级政府依法加大投入力度，文物事业费由2002年的21.35亿元增加到2010年的122.44亿元，国家文物保护专项经费由2002年的2亿元增加到2010年的47.5亿元。但由于基数低、历史欠账多等原因，我国对文物保护的投入总体不足，与实际需求之间仍存在较大差距。一是文物保护经费欠账较多，2010年全国文化事业费占国家财政总支出的0.4%，而全国文物事业费仅占国家财政总支出的0.14%。目前，我国有2352处全国重点文物保护单位，2011年文物保护专项经费各省的申报金额是110亿元，财政落实了20亿元，缺口达90亿元。二是资金投入不平衡，国家投入与地方投入、东中西部之间投入差异凸显，尤其是中西部地区省、市、县级长期以来单方面依赖中央投入，难以落实配套经费。三是经费渠道单一，主要来源于财政性资金。

五、社会参与文物保护的局面远未形成

早在1997年，国务院就作出了建立和完善“国家保护为主、动员全社会参与”的文物保护新体制的部署。但是由于受我国现阶段经济社会发展总体水平的制约，加之文物部门宣传、动员能力的局限，这一体制至今尚未形成。一是文物保护尚未成为全社会的自觉行动，全社会参与文物保护意识有待进一步提高；二是主动接受全民监督、社会舆论监督尚未成为各级政府特别是文物行政部门的自觉行动；三是社会力量包括人力、资金和技术投入文物事业的机制尚未建立，相关优惠政策仍不到位。

第三部分　相关建议

为进一步发展我国文物事业，继承和弘扬中华民族优秀传统文

化，建设社会主义文化强国，国家文物局将在全国人大和国务院的关心、支持和领导下，不断总结经验，大力加强我国文物保护的法制建设，为今后一个历史阶段文物事业的长足发展奠定良好基础。我们衷心期望在全国人大教科文卫委员会及各位委员的指导和帮助下，从以下几个方面着力推动《文物保护法》的贯彻实施。

一、完善文物保护法律体系

建议由全国人大教科文卫委员会牵头，组织各相关部门及有关专家，深入开展《文物保护法》实施情况调研，研究现行法律实施中存在的问题，适时将《文物保护法》修订工作纳入立法计划，为新时期文物保护工作提供更加科学有力的法制保障。同时，我们将加大与《文物保护法》配套的法规体系建设，报请国务院审定颁布《博物馆条例》等行政法规，尽快出台一批技术规范和行业标准。

二、强化文物保护执法检查力度

建议建立健全各级政府向人大汇报文物保护工作的长效机制，继续加大《文物保护法》执法检查的力度。我们希望全国人大和地方人大每年能定期听取政府关于文物工作和执法情况的汇报，同时也希望全国人大和地方人大能定期或不定期地进行《文物保护法》实施情况执法检查，督促各级政府依法落实文物保护责任。

三、增加文物保护的经费投入

按照十七届六中全会通过的《中共中央关于深化文化体制改革、推动社会主义文化大发展大繁荣若干重大问题的决定》中关于“保证公共财政对文化建设投入的增长幅度高于财政经常性收入增长幅度”的要求，我们一方面要积极争取中央和地方不断提高文物保护事业的经费投入；另一方面进一步界定中央和地方事权，强化文物保护领域中央投入与引导的责任。同时，恳请各级人大加大对文物保护经费投入和使用的监督力度。

四、营造全社会保护文物的良好氛围

一是将文物保护法规宣传纳入全国“六五”普法规划，结合实际，强化实施，切实加大面向全社会特别是各级政府有关部门的宣传普及力度，建议人大在执法调研中调查了解各级领导干部对文物保护法律法规知识掌握情况，督促各地开展针对各级领导干部的文物普法活动，提高各级领导干部的文物保护意识和依法行政意识，杜绝法人违法现象发生。二是加强对文物系统干部职工的依法行政意识教育，全面推进政务公开，接受社会的监督，显著提高依法行政和依法管理能力。三是实施文物法律法规和文物保护知识宣传普及工程，形成全社会广泛参与文物保护、监督政府部门依法保护文物的良好氛围，构建文物保护人人有责、保护成果人人共享的良好局面。

五、切实加强文物部门的能力建设

九年来，我们也清醒地认识到文物部门的自身能力建设仍然有待加强。我们将按照《文物保护法》的相关要求，推动文物部门不断提高依法行政能力、宏观管理能力、统筹规划能力、业务指导能力，建设服务型机关、创新型机关、学习型机关，进一步提高各级文物行政机关的工作质量。大力推进文物部门政务公开、信息公开，切实转变职能，改进服务方式，提高工作水平。要继续把基础工作摆到更加突出的位置，认真分析和查找文物法制建设、文物资源调查、文物人才培养、文物安全保障等方面存在的突出问题和薄弱环节，着眼于形势的变化和事业的发展，进一步加大力度，切实把基础工作抓紧抓好。

在中央党校作专题报告

这次全国人大教科文卫委员会专门召开会议听取国家文物局汇报，是对国家文物局和广大文物工作者的鼓舞和鞭策。我们将集中力量，全力配合好全国人大教科文卫委员会下一阶段《文物保护法》实施情况调研活动。同时，我们也将以这次会议为契机，进一步理清思路、落实措施，扎实做好文物保护各项工作，提高文物事业对经济社会发展的贡献率，推动文物保护成果惠及民众，为建设社会主义文化强国作出新的更大的贡献！

关于修订《关于办理盗窃、盗掘、非法经营和走私文物的案件具体应用法律的若干问题的解释》的提案①

（2012年3月）

1987年11月27日，最高人民法院、最高人民检察院联合发布了《关于办理盗窃、盗掘、非法经营和走私文物的案件具体应用法律的若干问题的解释》，对1979年《刑法》和1982年《文物保护法》关于文物犯罪的规定，进行了司法解释。多年来，该解释为公安、司法机关对文物犯罪司法审判，对于国家威慑和打击文物犯罪，保护珍贵文化遗产安全，发挥了重要作用。

但是，随着《刑法》和《文物保护法》的修订，文物犯罪从罪名到刑罚都发生了新的变化，再加上近年来文物安全形势日益严峻，文物犯罪更加猖獗和复杂，《关于办理盗窃、盗掘、非法经营和走私文物的案件具体应用法律的若干问题的解释》已不适应当前打击文物犯罪和司法机关对文物犯罪定罪量刑的需要，亟须修订完善。

在1979年《刑法》中，关于文物犯罪的条文只有第173条（盗运珍贵文物出口罪）和第174条（故意破坏国家保护的珍贵文物、名胜古迹罪）。1982年《中华人民共和国文物保护法》以附属刑法的形式对文物犯罪进行了补充性规定。1997年修订后的《刑法》，

① 此文为在全国政协十一届五次会议上的提案，联名提案人：龙瑞　杜滋龄　郭瓦加毛吉　姜昆　董良翚　夏燕月　侯露　王川平　张柏　詹祥生　范迪安　濮存昕　赵汝蘅　吴为山　席强　滕矢初　冯小宁　张平　陈醉　阿拉泰　张廷皓　宋春丽　陈立德　耿其昌　徐翔　张国勇　张会军　张艺谋　胡振民　刘秀荣　崔建华　刘宇一　徐庆平　杨春霞　阎维文　韩美林　覃志刚　雷元亮　金铁霖　宋雨桂

针对当时文物犯罪形势，吸收了单行刑法（1991年全国人大常委会《关于惩治盗掘古文化遗址古墓葬犯罪的补充规定》）和附属刑法规范（《中华人民共和国文物保护法》）规定，对于文物犯罪无论从章节设定、规定内容、罪名名称和刑罚关系，都作出了新的规定。一是增加了过失损毁文物罪，非法向外国人出售、赠送珍贵文物罪，非法出售、私赠文物藏品罪，盗掘古人类化石、古脊椎动物化石罪等。二是将1979年《刑法》中破坏珍贵文物、名胜古迹罪，分为故意损毁文物罪、故意损毁名胜古迹罪。三是更改非法经营文物犯罪（以投机倒把罪论处），修改为倒卖文物罪。四是对国家工作人员因渎职造成文物损毁流失的，明确为失职造成珍贵文物损毁、流失罪。《文物保护法》也于2002年进行了重新修订，第64条对文物犯罪作出了与1997年《刑法》相对应的规定。1987年两院关于文物犯罪的司法解释，与1997年《刑法》和2002年《文物保护法》的规定已明显不对应，亟须对其进行重新解释。

由于针对新《刑法》和《文物保护法》中文物犯罪的司法解释尚未出台，一些地方公安、司法机关在对文物犯罪的立案和定罪量刑上认识不同、标准不一，存在对文物犯罪案件立案不送、以罚代刑、重罪轻判等现象，各地公安、司法机关亟须新的司法解释出台。

以盗掘古文化遗址、古墓葬罪为例。根据《刑法》第三百二十八条的规定可以明确几点：第一，只要是参与盗掘了文物行政部门认定的古文化遗址、古墓葬，无论是否属于文物保护单位，无论是否从古文化遗址、古墓葬中获取到文物，都已经属于犯罪行为；第二，作为刑事处罚的内容之一，罚金都是并处的，不能以罚代刑；第三，只要是多次参与盗掘，或者是团伙中的首要分子，或者在盗掘过程中获取了珍贵文物或者造成珍贵文物严重破坏的，或者盗掘的古文化遗址、古墓葬属于省级或者国家级文物保护单位的，这些行为都已经构成重罪。然而在实际执法工作中，基层司法部门对盗掘古文化遗址、古墓葬行为以罚代刑的现象比较普遍，认为盗掘的古文化遗址、古墓葬只要不属于文物保护单位就不为罪的现象比较普遍，认为盗掘古文化遗址、古墓葬只要没有盗窃到珍贵文物或者没有造成珍贵文物严重破坏的就不为罪的现象比较普遍。

近年来，受高额暴利驱动，盗掘、盗窃、倒卖、走私文物案件时有发生。与以往文物犯罪相比较，近年来全国文物犯罪呈现出新的特点。一是文物犯罪团伙职业化、集团化特征日趋明显。文物犯罪团伙实施犯罪的预谋更周密，分工更细化，盗窃、盗掘、运输、窝藏、销赃“一条龙”作业。二是文物犯罪作案手段日益智能化、专业化和现代化。“定向爆破作业”被广泛应用于盗墓犯罪，对讲机、夜视望远镜、汽油锯、照明灯、定位仪、氧气罐、防毒面具等作案工具一应俱全。三是地下文物交易活跃，交易行为十分隐蔽。以贩卖旧艺术品、文物复制品为名，大肆进行非法收购、倒卖文物犯罪活动。面对严峻的文物安全形势、日益猖狂的文物犯罪，为严厉打击和防控文物犯罪，需要新的文物犯罪司法解释出台。

为此，建议最高人民法院、最高人民检察院对《关于办理盗窃、盗掘、非法经营和走私文物的案件具体应用法律的若干问题的解释》进行研究修订。

关于进一步加强文物进出境监管的提案[①]

（2012 年 3 月）

近代以来，由于战争劫掠、非法交易等原因，我国文物大量流失海外。新中国成立后，相关政府部门和社会各界为保护文化遗产付出了许多努力，通过逐步制定完善相关法规，特别是建立文物进出境审核管理制度等措施，同时坚决打击文物盗窃、盗掘和走私贩运行为，迅速改变了旧中国文物严重外流的状况。

但是 20 世纪 90 年代以来，由于受到国内外中国文物市场高价位的吸引以及国际文物商人非法收购等众多因素的影响，文物走私案件屡禁不止。文物走私获利方便又利润巨大，转而又直接刺激了国内盗窃、盗掘古墓葬、古遗址的违法犯罪活动，给我国文化遗产保护带来难以估量的损失，也有损于国家形象和民族尊严。

虽然海关和文物部门采取了多种措施加强文物进出境监管，打击文物走私等违法犯罪活动，但是面对文物走私的严峻形势仍显不足。据了解，近年来的文物走私犯罪活动呈上升势头，并出现了一系列新的变化：文物走私活动智能化、暴力化、集团化趋势明显，组织更严密，分工更细化，手段更娴熟，部分已形成集盗窃、盗掘、

① 此文为在全国政协十一届五次会议上的提案，联名提案人：龙瑞　杜滋龄　郭瓦加毛吉　姜昆　董良翚　夏燕月　侯露　王川平　张柏　詹祥生　范迪安　濮存昕　赵汝蘅　吴为山　席强　滕矢初　冯小宁　张平　陈醉　阿拉泰　张廷皓　宋春丽　陈立德　耿其昌　徐翔　张国勇　张会军　张艺谋　胡振民　刘秀荣　崔建华　刘宇一　徐庆平　杨春霞　阎维文　韩美林　覃志刚　雷元亮　金铁霖　宋雨桂

运输、窝藏、走私为一体的文物走私犯罪集团；文物走私渠道越来越多样化，从个人随身携带或托运行李中藏匿少量文物，发展到通过邮递包裹、快件递送、集装箱夹藏等多种渠道，特别是利用集装箱以出口工艺品为名一次性偷运大批量多品种文物以及偷运大型田野石刻文物的恶性案件屡有发生。例如：2004 年陕西西安唐代贞顺皇后敬陵被盗的文物中，一具重 27 吨，长 4 米、宽 2.6 米、高 2.3 米的彩绘石棺石椁短时间内即通过香港走私至美国。虽然该石椁后于 2010 年被成功追索回国，避免了国家珍贵文物流失海外，但是此案件仍反映出当前文物走私活动猖獗的局面。

鉴于上述情况，建议海关会同文物部门加强文物进出境监管，打击文物走私。

（1）加强部门合作，完善工作机制。目前，各地海关和文物部门已经将文物进出境审核管理纳入日常监管工作，海关监管部门凭文物进出境审核机构出具的相关证明文件放行文物。同时，海关缉私部门办理文物走私案件时，也需要文物部门组织专家对涉案文物进行鉴定。因此，无论是文物进出境监管还是打击文物走私，都需要在海关和文物部门互相配合的基础上进行。建议双方建立联合工作机制，进一步加强部门合作，通过定期沟通、统筹研究、协调和部署重点工作,共同履行文物进出境监管和打击文物走私的职责。

（2）开展专项行动，打击文物走私。在盗窃、盗掘和走私文物案件频发时期，针对文物走私较为集中的沿海口岸和文物蕴藏量较大的地区口岸，集中力量开展打击文物走私专项行动，通过对文物走私违法犯罪案件的查处，打击文物走私违法犯罪团伙的嚣张气焰,遏制文物走私活动的高发态势,恢复文物进出境监管的正常秩序。

（3）加强宣传教育，提高公众意识。一方面，通过媒体向社会宣传文物保护特别是文物进出境监管的相关法律法规，提高社会公众保护文化遗产的意识；另一方面，及时向社会报道打击文物走私重点案件的开展情况和取得的成效，彰显我国政府打击文物走私、保护文化遗产的决心。

（4）健全文物进境监管制度。由于法律和现实的原因，长期以来海关和文物部门多致力于文物出境监管和打击文物走私出境等方面的工作，对于文物进境监管较为宽松，仅对临时进境的文物实行登记制度。但是随着近年来文物进境量的不断攀升，非法文物进境问题日益严重，特别是由于中国文物的国内市场价格已超过海外市场，一些文物走私团伙通过将盗窃文物先走私至境外，再办理文物临时进境登记手续的方式，来掩盖文物非法性质并证明文物来源。建议海关和文物部门重视这一新情况，研究制定文物进境监管制度，加强文物进境监管。

关于制定《故宫保护条例》的提案[①]

（2012 年 3 月）

故宫博物院的文化身份极为特殊。一是故宫是世界上规模最大的古代宫殿建筑群，是北京这座世界文化古都的重要组成部分，是北京国家历史文化名城的核心内容。在保护级别上，故宫是国务院公布的首批全国重点文物保护单位，也是我国第一批进入《世界遗产名录》的世界文化遗产。二是故宫是世界上文物藏品和文化资源最丰富的博物馆之一，是当今世界上来访观众最多的博物馆。故宫博物院不仅是我国优秀传统文化的展示平台和窗口，同时也是文物研究、遗产保护、文化传播和两岸交流的重要基地，其历史地位和承载的文化内涵不言而喻。既是世界文化遗产，又是世界著名博物馆，这些文化身份集于一身，就要求故宫博物院应该通过不懈的努力，成为既值得骄傲，又令人尊敬的文化典范。为切实加强故宫文化遗产保护和促进故宫博物院的可持续发展，亟须在国家层面制定《故宫保护条例》。

首先，故宫全年对游客开放，每年到故宫参观的游客已达 1400 万人次以上，这使故宫在文物保护、古建维护、观众安全等方面面

① 此文为在全国政协十一届五次会议上的提案，联名提案人：龙瑞　杜滋龄　郭瓦加毛吉　姜昆　董良翚　夏燕月　侯露　王川平　张柏　詹祥生　范迪安　濮存昕　赵汝蘅　吴为山　席强　滕矢初　冯小宁　张平　陈醉　阿拉泰　张廷皓　宋春丽　陈立德　耿其昌　徐翔　张国勇　张会军　张艺谋　胡振民　刘秀荣　崔建华　刘宇一　徐庆平　杨春霞　阎维文　韩美林　覃志刚　雷元亮　金铁霖　宋雨桂

临空前的巨大压力，交通、安全等协调难度加大，有必要通过专项立法进行合理的调控。其次，由于故宫地处北京市中心，对于故宫的整体保护不仅仅局限于紫禁城，还应该包括御史衙门、大高玄殿、端门等地点以及太庙、社稷坛、景山等周边区域。对故宫文化遗产及其环境的整体保护更加需要加强法律法规层面的支撑力度。应通过专项立法着眼于协调故宫文物本体及周边环境，坚持整体保护、原状保护、科学规划的原则，进一步明确保护主体和责任主体，构筑对于故宫进行分层次、分区域科学管理的法律防护网，有利于对故宫进行完整保护。

目前，在法律层面上，对于故宫文化遗产的保护和管理，与故宫所蕴含的文化价值和承担的历史使命并不匹配。在现有法律、法规层面只能依靠《文物保护法》及其《实施条例》和《非物质文化遗产保护法》以及博物馆相关法规等现有法律法规。这些法律法规着眼于对全国文物保护和博物馆建设的总括性保护，缺少专门针对故宫文物本体和周边环境以及故宫博物院功能发挥与故宫所蕴含的文化价值和承担的历史使命相协调的法律法规。同时，《故宫保护条例》的立法过程还能广泛吸纳民意，尊重全社会保护故宫的积极性，深化对故宫保护的认识，使社会各界都能参与到故宫文化遗产保护中来，为故宫保护和管理提供持续的推动力。

制定故宫保护专项法规，一方面将有力地促进故宫文物保护工作依法进行，能够从法律层面加强协调力度，强化各级责任，完善故宫法人治理结构，使故宫的整体保护走上一条法制化、规范化的道路；另一方面，近年来故宫的有形资产和无形资产受到了持续的、不同形式和不同程度的侵害，对故宫有形资产和无形资产的保护造成了诸多困扰，客观上需要在法律层面寻求救济途径。因此可以说，制定《故宫保护条例》是国家对涉及与故宫相关的法律、法规的整理和总结，也是修改和提升《关于故宫博物院管理的规定》等相关政策文件内容已不适应现实需求的契机，对故宫的现实保护和未来的可持续发展意义重大。

目前，着手制定《故宫保护条例》已具备相当的条件和基础。一方面，故宫的多年保护及管理实践经验，为《故宫保护条例》的制定奠定了坚实的基础。例如北京市文物局牵头就《故宫缓冲区保护管理办法》进行了专项调研，在总结故宫多年的保护及管理实践经验的基础上提出了办法草案，该办法草案可以成为制定《故宫保护条例》时的参考。另一方面，国务院和部分省市出台的专项保护条例为《故宫保护条例》的制定提供了范例和可以借鉴的蓝本。到目前为止，国务院《长城保护条例》《甘肃敦煌莫高窟保护条例》《沈阳市故宫、福陵和昭陵保护条例》等均已颁布并实施多年，其立法经验和实施经验亦可成为制定《故宫保护条例》时的借鉴。

综上所述，在现实的迫切需求和已有的实践经验基础上，建议由文化部、国家文物局着手制定《故宫保护条例》，开展《故宫保护条例》的专项立法工作。

在全国人大《文物保护法》执行情况座谈会上的发言

（2012年4月12日）

为了全面地加强对文物的保护，全面贯彻落实《文物保护法》，继承中华民族优秀的历史文化遗产，3月27日全国人大常委会教科文卫委员会主任白克明率考察团就即将在全国范围开展的《中华人民共和国文物保护法》执法检查工作来故宫进行调研，4月9日全国人大常委会韩启德副委员长又带队对故宫博物院进行执法检查，这对文物保护工作和故宫博物院的事业发展起到了积极的推动作用。

一、文物保护与社会发展是相互促进、平衡共赢的关系

有些人一谈到文物保护，就会觉得阻碍城市建设，阻碍经济发展，好像只有一个“拆”字是万能药。其实不然，文物保护与社会发展并不是矛盾的，应该是相互促进、平衡共赢的关系。说文物保护就会阻碍社会发展，这是观念意识上的误区，必须纠正，文物保护应该站在文化遗产保护的高度来看。如果将城市中的或身边的文化遗产，看作城市建设的“绊脚石”，地区发展的“拦路虎”，环境改善的“包袱”，那么就不会尊重文化遗产，甚至“欲去之而后快”。但是，如果将文化遗产看作城市的宝贵文化资源，是“我有他无”的文化特色，是改善广大民众生活质量的积极因素，时代遗留给子孙后代的文化财富，就会对文化遗产倍加爱护，就会给予文化遗产

更多的尊严。

文化遗产在社会生活中也不能只扮演弱者的角色。尽管文化遗产需要全社会的关注和呵护，但是它们需要的不是人们给予的怜悯式保护，而是需要人们真正认识到文化遗产对于城市发展和改善市民生活所具有的不可替代的价值，给予积极的保护。在新的时期，应主动发挥文化遗产的多方面综合作用，使文化遗产进一步融入社区生活、融入经济发展、融入城市建设，既给专业人士，但更多的是给民众以精神的、情感的、美的享受和启迪。通过精心的保护，使文化遗产成为当地最值得骄傲的场所，使文化遗产地成为当地最美丽、最充满文化气息的地方。今天在文化遗产保护和城市文化建设领域，需要运用“积极保护、整体创造”的理论展开实践。

二、文化遗产保护与广大民众是互惠互利的关系

过去普通民众将文化遗产看作与自己现实生活关系不大的事情，其原因是过去比较多地强调全民文化素质有待提高的问题。实际上更重要的是文化遗产保护的理念应该调整，保护文化遗产意义的宣传需要加强。长期以来，不少文物保护机构和人员将文物保护工作视为专业的、部门的、行业的、系统的工作，而往往忽视文化遗产与当地民众在亲缘、血缘、法缘、地缘、情缘等方面的联系。

大量实践表明，广大民众对故乡故土的文化情感难以割舍，当地民众对家乡的文化遗产充满深情。从陕西宝鸡眉县杨家村的农民在生产劳动取土时，发现珍贵青铜器窖藏后，主动上交给国家的事迹，到贵州黎平县地坪乡侗族民众在村中的风雨桥被洪水冲垮时，集体跃入洪水，拼死打捞风雨桥的构件，将其运回家乡，使地坪风雨桥得以重建的事迹，都表达出普通民众与当地文化遗产之间的深厚情谊。

今天文化遗产与普通民众现实生活之间的联系越来越密切，无论是工业遗产、乡土建筑、20世纪遗产等新型文化遗产，还是历史文化街区、历史文化村镇，都存在于普通民众生活社区。因此，在文化遗产保护中，要充分尊重文化遗产与当地民众之间的情感联系，保障广大民众在文化遗产保护中的知情权、参与权、监督权和受益权。同时，将“文化遗产日”“国际博物馆日”等作为全民的文化遗产节日，鼓励社会民众参与文化遗产保护的热情。

近年来，博物馆实施免费开放以后，普通民众走进博物馆的数量有了大幅度的提升。同时，博物馆要努力从“馆舍天地”走向“大千世界”，一方面通过丰富多彩的形式，将博物馆展览送到农村、工厂、部队、学校；另一方面鼓励旧址博物馆、遗址博物馆、生态博物馆、社区博物馆、高校博物馆、数字博物馆等新型博物馆的建设，使博物馆文化能够传播到千家万户。

三、加大文物保护执法力度

文物资源是先人留下的珍贵财富，是历史的见证，是历史的再现。然而，由于文物法规的可操作性差，基本建设与文物保护矛盾突出，文物执法部门力量薄弱，文物保护执法力度不强，致使我国文物犯罪没有得到完全遏制。我们建议有关部门要高度重视，并进一步加大文物保护执法力度，使中华民族的优秀文物遗产得到有效保护。要逐步完善现有的文物保护法律法规，加强文物安全防范工作，切实加强人防和技防措施；要加强基层文物管理，认真做好文物保护单位记录档案和馆藏文物藏品建档工作；要改善文物执法环境，加大打击文物犯罪的力度，加大文物法规宣传力度，使文物保护得到更多人士的理解；要会同公安部门提高对文物案件的侦破能力，定期开展打击文物犯罪专项行动。

四、加大对故宫整体保护的支持力度

故宫是世界文化古都北京的核心所在，是我国古代宫城发展史上现存的唯一实例和最高典范，也是世界上现存规模最大、保存最完整的古代宫殿建筑群，在我国文化遗产中具有突出的、重大的、丰富的历史价值、科学价值和艺术价值。故宫博物院是当今世界接待观众最多的博物馆，每年迎来上千万的参观者，而且近年来观众人数在以每年近百万的速度增长。在这种背景下，故宫应该不断提升文物安全保卫、世界遗产保护、基础设施保障、藏品保护环境、科学研究成果、陈列展览内涵、社会服务能力、文化传播功能、科学管理水平、人才队伍建设等，这些都需要国家层面政策的支持、资金的支持、人才的支持以及北京市的支持。

目前，对于故宫文化遗产保护来说，无论是历史环境，还是文化景观，均存在一些突出问题。在历史环境保护方面，故宫周边一些地区环境杂乱无章，例如东华门外商业建筑形式与历史环境不协调；沿街商业广告、招牌字号、临时摊点等造成环境杂乱；一些地点占路开辟收费停车场，而由于缺乏游客停车场，致使一些旅游车辆沿街停靠，既影响使用，也影响环境等。在文化景观保护方面，故宫筒子河外侧景观缺乏统一规划指导；东华门外的街道视线走廊缺乏城市设计支撑；故宫前三殿视线范围内的高楼大厦不断增多，而故宫周围的传统胡同、四合院逐年减少等，这些均对故宫造成了不良的影响。

要改善这种现象的存在，需要进一步处理好故宫周边环境治理、游客服务与文化遗产保护的关系，对故宫文化遗产的历史环境和文化景观进行科学规划、整体设计和综合治理，注重保护故宫的历史格局和整体风貌，充分展示历史文化价值与内涵，使故宫文化遗产发挥出更加突出的社会效益，谋求文化遗产保护与社会发展的和谐关系，保持故宫庄严、肃穆、辉煌的文化品质，扩大故宫文化的传播影响，使之成为北京文化古都历史环境和文化景观保护的首善之区。

目前，在法律层面上，对于故宫文化遗产的保护和管理，与故宫所蕴含的文化价值和承担的历史使命并不匹配。在现有法律、法规层面只能依靠《文物保护法》及其《实施条例》和《非物质文化遗产保护法》以及博物馆相关法规等现有法律法规。这些法律法规着眼于对全国文物保护和博物馆建设的总括性保护，缺少专门针对故宫文物本体和周边环境以及故宫博物院功能发挥与故宫所蕴含的文化价值和承担的历史使命相协调的法律法规。同时，《故宫保护条例》的立法过程还能广泛吸纳民意，尊重全社会保护故宫的积极性，深化对故宫保护的认识，使社会各界都能参与到故宫文化遗产保护中来，为故宫保护和管理提供持续的推动力。

制定故宫保护专项法规，一方面将有力地促进故宫文物保护工作依法进行，能够从法律层面加强协调力度，强化各级责任，完善故宫法人治理结构，使故宫的整体保护走上一条法制化、规范化的道路；另一方面，近年来故宫的有形资产和无形资产受到了持续的、不同形式和不同程度的侵害，对故宫有形资产和无形资产的保护造成了诸多困扰，客观上需要在法律层面寻求救济途径。因此可以说，制定《故宫保护条例》是国家对涉及与故宫相关的法律、法规的整理和总结，也是修改和提升《关于故宫博物院管理的规定》等相关政策文件内容已不适应现实需求的契机，对故宫的现实保护和未来的可持续发展意义重大。

在十一届全国人大常委会上的专题报告

（2012 年 4 月 27 日）

近年来，城市文化建设和文化遗产保护工作得到了全国人大常委会的高度重视。针对本月初正式启动的全国人大常委会《文物保护法》执法检查工作，吴邦国委员长批示强调推动我国文物保护事业全面发展，明确指出："我国是历史悠久的文明古国，有着丰富灿烂的文化遗产，全面贯彻落实《文物保护法》，是继承和弘扬中华民族优秀传统文化，推动社会主义文化大发展大繁荣的必然要求。"此次全国人大常委会在全国范围内开展《文物保护法》执法检查，必将有力督促、支持各级政府和有关国家机关依法履行职责、改进工作、加强管理，促进我国城市文化建设和文化遗产保护事业健康发展。

一、城市化发展带来的挑战和机遇

城市是一个既古老又年轻的话题。与具有 40 多亿年历史的地球相比，人类的历史是短暂的。而与具有 300 多万年的人类历史相比，城市的历史也相当短暂。从新石器时代算起，城市至今只有 6000 多年历史。然而，当人类一旦走进城市，人类文明便进入了快速发展的进程。城市既是人类文明的成果，又是人们日常生活的家园。各个时期的文化遗产像一部部史书，记录着城市的沧桑岁月，唯有保留下来具有特殊意义的文化遗产，才会使城市的历史绵延不绝，才会使今日人类发展的需求不断得到满足，也才会使城市永远焕发悠久的魅力和时代的光彩。

21 世纪之初，无论对于世界，还是对于我国，都是城市化发展的转折点。从这一时期，世界 50% 以上的人口居住在了城市，在全球范围城市人口首次超过了农村人口。也是从这一时期，我国脱离了城市化历史进程的初级阶段，进入中级阶段。照此发展，到 2020 年，我国的城市化水平将达到 60% 左右，从沿海到内地形成现代化城市格局。将城市化率从 30% 提高到 60% 这一发展阶段，英国用了 180 年左右的时间，美国用了 90 年左右，日本用了 60 年左右，而在我国只需要 30 年左右时间就将完成这一进程。可见，在我国这一发展阶段，时间过程短，建设强度大，投入密度高。这里有两组图片可以分别反映出城市化加速进程的情况。第一组图片是苏州、无锡地区从 1986 年至 2004 年不到 20 年的时间内城市建设用地规模增长的情况，可见绿色空间在迅速减少。第二组图片是北京市从 1975 年至 2002 年不到 30 年的时间内城市建设用地的变化情况，可见城市规模在迅速膨胀。

在我国城市化率每增长 1%，就意味着有 1 200 万以上的农业人口进入城市，住房、就业、出行等方面的需求，引发城市规模的持续扩大。但是，城市规模扩大的另一方面原因来自于每一个家庭生活支出结构的变化。即当人均 GDP（国内生产总值）在 1000 美元以下时，家庭生活的主要支出是衣、食；当人均 GDP 在 3000 美元以下时，主要支出是家电产品；而当人均 GDP 在 8000 美元以下时，主要支出中住、行的比例开始迅速增加，即越来越多的家庭开始购买住房和汽车。城市化快速发展和人们家庭支出结构的改变等因素相互叠加，必然引发大规模的城市建设、房地产开发和基础设施建设的高潮。

从表象看，城市化主要表现为农村人口大量向城市聚集的现象，引发城市“摊大饼”式地无限蔓延，造成对城市住房、交通、能源的巨大压力。实质上，城市化所带来的最主要问题，已经不完全是城市物质环境或空间形态的问题，而更多的是社会、文化和环境的问题。这一时期既是“黄金发展期”，也是“矛盾凸现期”。西方一些国家城市化过程中已经出现过的种种弊病，我们应该引以为戒。我国城市化浪潮对应城市建设高潮，与世界上其他国家一样，是经济社会发展内在规律作用的结果，它不可抗拒，也不能阻止，只能通过科学发展观进行正确引导，去其弊，扬其长，才能保证城市化进程的健康发展。

对于城市文化建设和文化遗产保护来说，城市化也不是一个轻松的话题。这一时期，大规模持续地城市开发改造与地上地下的文化遗存之间，矛盾非常集中且异常激烈。如果没有对建设与保护研究过程的积累，面对如此疾风骤雨式的建设和发展，要想不出现偏差是不大可能的。事实上，我们恰恰缺乏这种积累的过程以及过程的积累。由此成为文化遗产保护最危险、最紧迫、最关键的历史阶段。今天，经过第三次全国文物普查证明，可供我们选择保护的文化遗产已经不是太多，而是太少。我们应当争分夺秒地既为当代更为后代，把更多珍贵的文化遗产抢救下来，列入保护之列。

今后十几年间，我国城市经济必将继续以较快速度增长，城市建设还将大规模展开，这些在给城市发展带来难得历史机遇的同时，也将提出更为严峻的挑战。事实上，城市化的各个因素都与城市文化有非常直接的关系，也涉及文化遗产保护的诸多方面。就此而言，如何在城市化加速发展进程中，在全球化的历史条件下，持续推进城市文化建设和文化遗产保护，这一问题比以往任何时期都更加尖锐地提了出来，成为迫切需要研究解决的现实问题。如何成功跨越转型期这道门槛，关系到城市未来的发展质量和水平，是横亘在每一个经济发展达到此阶段的城市面前的新挑战，而跨越门槛、战胜挑战的核心力量就是城市文化。

城市文化作为城市精神和创造力的历史凝聚与积淀，具有施加广泛影响的功能,能够让人们接受良好的道德规范及生活方式。此时，城市文化体现在诸多方面，如社会民众的文化意识、生活环境的文化内涵等。尽管实现全面小康生活的指标体系比较复杂，但是可以简单地划分为物质生活和文化生活两类指标。物质生活方面，随着经济的发展，完全可以逐步达到小康社会指标。但是，文化生活的指标相对抽象、比较复杂，要真正实现难度更大。这是由文化的差异性所决定,由于人们对文化形式的认知不同,文化生活的需求不同,文化价值的评价也不同。因此，全面实现小康目标的关键是文化生活的进步。

二、城市文化建设应该避免出现的问题

改革开放以来，我国城市建设取得了举世瞩目的成就。但是一些城市在物质建设取得成就的同时，在文化建设方面却重视不够，归纳起来涉及 8 个方面的情况或应该避免出现的问题。由此可以看出加强城市文化建设和避免城市文化危机加剧的紧迫性。

（1）避免城市记忆的消失。城市记忆是在历史长河中一点一滴地积累起来的，从文化景观到历史街区，从文物古迹到地方民居，从传统技能到社会习俗等，众多物质的与非物质的文化遗产，都是

形成一座城市记忆的有力物证,也是一座城市文化价值的重要体现。但是，一些城市在“旧城改造”“危旧房改造”中，采取大拆大建的开发方式，致使一处处文物保护单位被拆迁和破坏；一片片积淀丰富人文信息的历史街区被夷为平地；一座座具有地域文化特色的传统民居被无情摧毁。这两张图片是反映在推土机下一片片历史街区被夷为平地，很多传统街道的墙上被写上大大的“拆”字，还画一个圆圈，表明它的强制性。由于忽视对文化遗产的保护，造成这些历史性城市文化空间的破坏、历史文脉的割裂、社区邻里的解体，最终导致城市记忆的消失。

（2）避免城市面貌的趋同。城市面貌是历史的积淀和文化的凝结，是城市外在形象与精神内质的有机统一，是由城市的物质生活、文化传统、地理环境等诸因素综合作用的产物。一座城市的文化发育越成熟、历史积淀越深厚，城市的个性就越强、品位就越高、特色就越鲜明。但是，一些城市在建设和发展中，城市面貌正在急速地走向趋同。由于抄袭、模仿、复制现象十分普遍，毫无特色的城市街区占据着越来越显著的位置，导致“南方北方一个样，大城小城一个样，城里城外一个样”的文化危机。这组图片是清华大学师生拍摄的不同城市的照片，但是在整理照片时却只有摄像者本人才能分辨得出是哪个城市。而下一张图片所反映的“现代塔林”的城市景观已经成为越来越多城市的相同面貌。各地具有民族风格和地域特色的城市风貌正在消失，代之而来的是几乎千篇一律的高楼大厦，“千城一面”的现象日趋严重。

（3）避免城市建设的失调。城市建设是为了创造良好的人居环境，既包括物质环境，也包括文化环境。而城市规划则是合理配制公共资源，保护人文与自然环境，维护社会公平。它的根本目的不仅是建设一个环境优美的功能城市，更在于建设一个社会和谐的文化城市。但是，一些城市在建设中缺少科学态度和人文意识，往往采取单一依赖土地经营和房地产开发来拉动经济的增长方式，大幅度扩充城市用地，大面积增加建设量，导致出现“圈地运动”和“造城运动”。一些城市盲目追求变大、变新、变洋，热衷于建设大广场、大草坪、大水面、景观大道、豪华办公楼，而这些项目却往往突出功能主题，而忘掉文化责任。这组图片分别反映在一些城市中心建设的大广场、大草坪、大水面。

（4）避免城市形象的低俗。城市形象是城市物质水平、文化品质和市民素质的综合体现。它表现出每个城市过去的丰富历程，也体现着城市未来的追求和发展方向。美好的城市形象可以唤起市民的归属感、荣誉感和责任感。但是，一些城市已经很难找到层次清晰、结构完整、布局生动、充满人性的城市文化形象。不少中小城市盲目模仿大城市，为了气势而不顾城市环境，至今仍把高层、超高层建筑当作城市现代化的标志，寄希望于城市在短时间内能拥有更多“新、奇、怪”的建筑，以迅速改变城市的形象。但是大量新的建筑不仅没有增强反而削弱了城市的文化身份和特征，使城市景观变得生硬、浅薄和单调。这张图片反映一些城市建造的所谓“西洋风格”的办公楼。

（5）避免城市环境的恶化。城市环境是城市社会、经济、自然的复合系统。城市环境与城市的生态发展密切相关，具有高度的敏感性。好的城市环境不但可以保证人们的身体健康，而且可以激发人们的积极性和创造性。研究城市环境的基点应该是如何既宜人居住又宜人发展。但是，一些城市以对自然无限制的掠夺和征服来满足自身发展欲望，致使环境面临一系列突出问题：空气污染、土质污染、水体污染、视觉污染、听觉污染；热岛效应加剧、交通堵塞加剧、资源短缺加剧；绿色空间减少、安全空间减少、人的活动空间减少。同时，错位、超载开发也使不少文化遗产地及其背景环境出现人工化、商业化、城市化趋势。这张图片反映秦始皇陵在环境整治前的喧闹景象。

（6）避免城市精神的衰落。城市精神是城市文化的重要内核，是对城市文化积淀进行提升的结果。城市精神的形成是一个长期的过程，并在历史上和现实中发挥着异常重要的作用。通过对城市精神的概括和提炼，可以使人们更多地理解和接受城市的追求，转化为城市民众的文化自觉。但是，一些城市注重物质利益，而忽视文化生态和城市精神的培育，热衷于搞“形象工程”，盲目追求“标志性建筑”的数量，存在盲目攀比、不切实际的倾向。实际上是重建设规模、轻整体协调，重攀高比新、轻传统特色，重表面文章、轻实际效果，表现出对文化传统认知的肤浅、对城市精神理解的错位和对城市发展前途的迷茫。这组图片反映一些城市建设的盲道，有的被称为“九曲十八弯”，有的被称为“三级跳”，成为重表面文章、轻实际效果的典型。

（7）避免城市管理的错位。城市管理是一项复杂的系统工程，其实质是人作用于城市发展的过程，应肩负起对未来城市的责任。通过城市管理不但要为人们提供工作方便、生活舒适、环境优美、安全稳定的物质环境，而且要为人们提供安静和谐、活泼快乐、礼让互助、精神高尚的文化环境。这就需要用文化意识指导城市管理。但是，一些城市在管理内容上重表象、轻内涵，在管理手段上重经验、轻科学，在管理效应上重近期、轻长远。由于不能从更高层次上寻求城市管理的治本之策，导致往往城市问题已然成堆，才采取各种应急与补救措施。“城市病”所产生的病根在于城市管理缺乏长远的战略眼光，缺乏应有的文化视野。

（8）避免城市文化的沉沦。城市文化是市民生存状况、精神面貌以及城市景观的总体形态，并与市民的社会心态、行为方式和价值观念密切相关。城市文化在漫长的历史过程中积淀，缓慢演变发展，形成城市的文脉。城市的文化资源、文化氛围和文化发展水平，在一定程度上体现出城市的竞争力，决定着城市的未来。但是，一些城市面对席卷而来的强势文化，不是深化自身的人文历史，而是浅薄化自己的文化内涵，使思想平庸、文化稀薄、格调低下的行为方式，弥漫在城市的文化生活之中，消解着人们对于优秀传统文化的理解和继承。这张图片反映的是一些城市雕塑缺乏鲜明主题，不过是工厂成批生产的产品，表现不出城市的文化特色和文化追求。种种不良社会现象的出现，究其深层次原因，是文化认同感和文化立场的危机。

三、城市文化建设和文化遗产保护的发展趋势

城市文化是城市发展之“源”，城市化是城市发展之“流”。只有“源远流长”，才是我国城市健康的可持续发展之道。因此，城市文化是城市化进程中的核心问题。城市不仅要为人们身体的栖居提供物质的场所，还要为人们心灵的栖息提供精神的空间。以人为本就是要爱护人的生命、关怀人的幸福、维护人的尊严、保障人的自由。对正处于城市化加速进程中的每一座城市来说，城市自身具有什么样的文化生态和文化特色，应该是每个城市决策者在“热发展”中的“冷思考”。面对种种问题和挑战，每一座城市都必须以文化战略的眼光进行审视，从全局的和创新的角度进行思考和分

析，以期得出正确的发展理念。

（一）从“功能城市”走向“文化城市”

1933年，国际社会诞生了关于“功能城市”的《雅典宪章》。该宪章依据理性主义的思想方法，对当时城市发展中普遍存在的问题进行分析，主张以“功能分区”的观念规划城市，以期使居住、工作、游憩和交通四大功能协调、平衡发展。这一理念对各地城市规划和发展产生了重要影响。由于这一思想是建立在“物质空间决定论”的基础之上，期望通过对城市活动进行分解，划定不同功能分区，然后再通过简单的“模式”和交通系统的连接作用，将分解的功能分区重新结合在一起，从而复原成一个完整的、秩序的城市。但是，人们从实践中逐渐认识到，对于复杂的城市系统，仅仅依靠“功能分区”无法解决城市发展的诸多复杂问题。

面对瞬息万变的经济社会发展形势，体验思想文化领域各种思潮的相互激荡，人们不断总结城市文化建设的成果，促进文化面貌的焕然一新。城市不仅体现着它所具有的物质功能，而且体现着社会发展的复杂进程，拥有着深厚的文化底蕴，包含着深刻的文化意义。城市文化从城市诞生之日起，经过长期历史过程，在原有基础上不断积淀形成。一座城市能够延续和发展，越来越取决于城市文化的延续。重新认识人类社会复合系统中的现有文化资源，应成为新时期城市文化建设的重要任务。只有不断丰富城市自身特有的文化内涵，才能找到属于城市自己的文化发展路径，努力创新和发展属于城市自己的城市文化。

（1）城市文化构建和谐城市。城市文化是社会文明在城市的缩影，是社会和谐在城市的集中表现。“以人为本”和“科学发展观”既是治国谋略，更是城市文化的精髓，是实现社会和谐、诚信、责任、尊重、公正和关怀的保证。将这一文化精髓贯彻到城市发展的各项事业之中，才能实现文化与经济发展的良性循环。适宜居住是和谐城市的重要特征，将城市目标定位为宜居城市，体现了城市建设和发展从“以物为中心”向“以人为中心”的转变，不是片面地追求“形象工程”，而是更关注文化的发展，关心人的发展成长，重视和发挥人的作用。这就对城市的管理者和决策者提出了更高的要求。

（2）文化竞争力决定城市竞争力。城市竞争力是一个综合概念，既包括经济竞争力，也包括文化竞争力。当前，文化竞争力的影响与作用越来越突出，成为推动城市可持续发展的重要力量。在物质增长方式趋同，资源与环境压力增大的今天，城市文化成为城市发展的驱动力，体现出更强的经济社会价值。当今经济活动依靠的是文化内核，科研创新依靠的是文化造诣，生产管理依靠的是文化修养，技术掌握依靠的是文化素质，更重要的是依靠民族的文化精神。对文化遗产的继承、保护、弘扬和利用，将为经济建设和社会发展提供强大的精神动力、不竭的智力支持和丰富的生长资源，是经济社会可持续发展的重要保证。

（3）城市文化创新引领城市发展方向。当前，城市不仅面临文化遗产保护不力问题，也面临文化创造乏力问题。丧失保留至今的文化遗产，城市将失去文化记忆；没有新的文化创造，城市将迷失方向。城市文化必须承载历史，反映城市文化积淀；也要展现现实，反映城市文化内涵；还要昭示未来，反映城市文化创造。城市文化不是化石，化石可以凭借其古老而价值不衰；城市文化是活的生命，只有发展才有生命力，只有传播才有影响力，只有具备影响力，城市发展才有持续的力量。所以，城市文化不仅需要积淀，还需要创新。只有文化内涵丰富、发展潜力强大的城市，才是魅力无穷、活力无限的城市。

（二）从“文物保护”走向“文化遗产保护”

1982年11月，《中华人民共和国文物保护法》公布施行，明确文物保护实行属地管理、分级负责的行政管理体制，各级人民政府负责本行政区域内的文物工作，同时确立了历史文化名城制度。2002年10月，新修订的《文物保护法》明确了“保护为主、抢救第一、合理利用、加强管理”的文物工作方针，同时又确立了历史文化街区和历史文化村镇制度。[①]2005年12月发布的《国务院关于加强文化遗产保护的通知》，是我国第一次以“文化遗产”为主题词的政府文件，表明开始了从“文物保护”走向“文化遗产保护”的历史性转型，文化遗产保护的内涵逐渐深化、范围不断扩大，呈现出若干新的发展趋势。

1. 文化遗产保护内涵的深化

（1）更加注重世代传承性。强调文化遗产的创造、发展和传承是一个历史过程。每一代人都既有分享文化遗产的权利，又要承担保护文化遗产并传于后世的责任。人类文明就是在世代的文化创造和积累中不断发展和进步，每一代人都应当为此作出应有的贡献。作为当代人，并不能因为现时的优势而有权独享，甚至随意处置祖先留下的文化遗产。未来世代同样有权利欣赏、利用和传承这些文化遗产，从中吸取智慧和力量。因此，我们不仅要为当代保护这些

① 注：我国目前登录不可移动文物76万余处，其中有各级文物保护单位7万余处，包括全国重点文物保护单位2 352处。我国核定公布118座国家历史文化名城，350处国家历史文化名镇、名村。我国已拥有世界遗产41处，其中世界文化遗产29处，文化和自然混合遗产4处。我国现有博物馆3415座，各类博物馆每年举办14 000项左右展览，接待观众5.2亿人次左右。2008年4月，博物馆开始实施向全社会免费开放，城镇低收入群体参观博物馆人数明显上升。每年有近100项文物展览在世界各地展出。同时，近年来民间收藏文物群体逐渐扩大，文物艺术品拍卖行业迅速崛起。

珍贵的文化财富，在传承与守望中加以合理利用，还要为未来更多地留有余地，使人类共同的文化遗产“子子孙孙永葆用”，这一保护过程要传之永远。

（2）更加注重公众参与性。强调文化遗产保护不是各级政府和文物工作者的专利，文化遗产保护领域的相关工作，也不应仅仅局限于管理部门和专业人员的范围。文化遗产在本质上和全体民众的文化权益有关，对文化遗产研究、保护和传播更需要不同学科和社会公众的广泛参与。因此，必须尊重和维护民众与文化遗产之间的关联和情感，保障民众的知情权、监督权、参与权和受益权。只有全体民众积极投入文化遗产保护之中，才能使文化遗产保护形成强大的社会意志。只有当地居民倾心地、持久地自觉守护，才能实现文化遗产应有的尊严，有尊严的文化遗产才具有强盛的生命力。我国广大民众是有觉悟和讲感情的。下面这两组图片介绍的是两件普通民众保护文化遗产的事迹，感人至深。一件是2003年1月19日，陕西省眉县杨家村的5位农民，在生产劳动取土时意外发现珍贵文物，主动报告文物部门。出土的27件西周青铜器，件件都是“国宝”。在他们的事迹带动下，随后的4年中，在同一地区又连续出现了11批农民群体发现文物后，上交国家的事迹，铸就了震撼人心的“宝鸡农民护宝精神”。另一件是2004年7月20日，贵州省黎平县地坪乡，当一场百年未遇的洪水咆哮着冲毁文物保护单位地坪风雨桥时，当地124名侗族年轻村民自发地跃入洪水，冒着暴雨，顶着巨浪，拼死打捞风雨桥的构件。经过三天三夜的奋争，抢救回了73%的文物构件，使风雨桥得以重建，创造了我国文化遗产保护史上的壮举。我想只有当地民众与当地的文化遗产有了这样的情感关联，文化遗产才是最安全的。

2. 文化遗产保护外延的拓展

（1）在文化遗产的保护要素方面，以往“文物保护”重视单一文化要素的保护，今天“文化遗产保护”还要同时重视由文化要素与自然要素相互作用而形成的“混合遗产”“文化景观”的保护。这组图片反映的分别是西湖文化景观、藏羌碉楼文化景观、哈尼梯田文化景观。文化遗产的产生和发展与所处自然环境密不可分。我国自古以来崇尚人与自然和谐共处，形成文化与自然遗产相互交融的重要特性。泰山是世界上第一个以文化与自然“混合遗产”名义列入《世界遗产名录》的项目。庐山是我国第一个以文化景观列入《世界遗产名录》的项目。近年来，五台山、登封“天地之中”历史建筑群、西湖文化景观等也均作为文化景观的杰出代表，成为世界文化遗产。

（2）在文化遗产的保护类型方面，以往“文物保护”重视“静态遗产”的保护，今天“文化遗产保护”还要同时重视“动态遗产”和“活态遗产”的保护。文化遗产并不意味着死气沉沉或静止不变，她完全可能是动态的、发展变化的和充满生活气息的。许多文化遗产仍然在人们的生产生活中发挥着重要作用，充满着生机与活力。例如正在航运的京杭大运河，作为“动态遗产”被列入全国重点文物保护单位；还有一些传统街巷、江南水乡、历史村落、民族村寨以及人们还在正常生活的历史文化街区、村镇，甚至正常生产至今的古枣园、古茶园、古盐田等“活态遗产”也被公布为全国重点文物保护单位。这两张图片分别是列入保护之列的江南水乡和龙井茶园。

（3）在文化遗产的保护空间尺度方面，以往“文物保护”重视一座桥、一座塔、一组古建筑群等“点”“面”的文物保护，今天“文化遗产保护”还要同时重视“大型文化遗产”和“线型文化遗产”的保护。保护的视野已经从单个文物点或古建筑群、历史文化街区、历史文化村镇，扩大到空间范围更加广阔的“大遗址群”“文化线路”等。例如西安的周、秦、汉、唐“大遗址群”保护范围，覆盖了城市的广阔地域；丝绸之路文化遗产则是包括佛教丝绸之路、沙漠绿洲丝绸之路、草原丝绸之路和海上丝绸之路等，连接着数十个国家的“文化线路”。在我国还有茶马古道、蜀道等文化线路列入保护之列。这组图片是列入保护的我国三大文化线路，即大运河、丝绸之路、茶马古道。

（4）在文化遗产保护的时间尺度方面，以往“文物保护”重视“古代文物”“近代史迹”的保护，今天“文化遗产保护”还要同时重视“20世纪遗产”“当代遗产”的保护。人们越来越认识到现代遗产和当代遗产是人类共同遗产中不可忽视的组成部分。从古到今，文化发展演变形成完整的文化链条，不应在当代发生断裂。特别是当前，我国经济社会生活的各个方面都在发生急剧变化，如不及时对现代文化遗存加以发掘和保护，我们很可能在较短的时间内忘却昨天的这段历史。因此，已经将大庆第一口油井、大寨梯田和村庄、红旗渠、核武器研制基地等列入全国重点文物保护单位。这两张图片分别是列入保护的只有100年历史的兰州铁桥和只有50年历史的核武器研制基地旧址。

（5）在文化遗产的保护性质方面，以往“文物保护”重视重要史迹及代表性建筑的保护，今天“文化遗产保护”还要同时重视反映普通民众生活方式的“民间文化遗产”的保护。长期以来，皇家宫殿、帝王陵寝、寺庙道观、纪念建筑等较早被列入保护范围，但是，民间文化遗产常常被认为是普通的、一般的、大众的而不被重视，而它们却反映了社会民众最真实的生活状况，记录了他们平凡的喜怒哀乐，具有广泛的认同感、亲和力和凝聚力。同时，它们具有鲜明的民族性、地域性特征，是文化多样性的重要表现形式。近年来，加强了对“乡土建筑”“工业遗产”“老字号遗产”等的保护。这两张图片分别是列入保护的徽州民居建筑和首钢工业遗产。

（6）在文化遗产的保护形态方面，以往“文物保护”重视“物质要素”的文化遗存保护，今天“文化遗产保护”还要同时重视由“物质要素”与“非物质要素”结合而形成的文化遗产保护。将保护内容由物质的、有形的，伸延到非物质的、无形的，显示出对于文化遗产认识的进步。物质与非物质文化遗产相互融合、互为表里。近年来，在着力保护文化遗产的物质载体的同时，重视发掘和保存其蕴含的精神价值、思想观念和生活方式等非物质文化遗产，积极探索物质与非物质文化遗产保护相结合的科学方式和有效途径。例如加强对“文化空间”的保护与研究以及深入开展“生态博物馆”的保护实践。这两张图片分别是列入保护的羌族的羌笛和哈尼族的水稻耕作技艺。

文化遗产保护对象和范围不断扩大，其蕴藏之丰富、品种之繁多、门类之齐全，必将深刻影响城市文化的发展方向。在现实城市生活中，所有的人都生活在过去城市的“文化积累”之上，文化遗产是共同生活人群的“集体记忆”，没有记忆就没有创造。有了这样的共识，就必然引发人们保护文化遗产的渴望与努力。城市在发展过程中应格外珍惜自己的文化遗产，只有保护和建设两者并重，城市才能获得真正意义上的发展。“当历史的尘埃落定，一切归于沉寂之时，唯有文化以物质的或非物质的形态留存并传承下来，它是我们民族独立品格的历史凭证，也是我们满怀信心走向未来的坚实根基和力量与智慧之源。”

为什么提出“从‘功能城市’走向‘文化城市’”？并不是认为现代化城市不应该重视城市功能，相反城市必须不断努力满足全体市民的各种功能需求。但是，城市的发展不能仅仅关注经济积累以及建设数量的增长，更要关注文化的发展。城市不仅具有功能，而且应该拥有文化。为什么提出“从‘文物保护’走向‘文化遗产保护’”？这并不是简单的词语转换，而是在原有认识基础上的继承与发展。从古物—文物—文化遗产，反映出人类认识由注重物质财富，向注重文化内涵、再向注重精神领域的不断进步。与文物的概念相比，文化遗产的概念更为宽广、更为综合、更为深刻。

四、加强城市文化建设和文化遗产保护的体会和建议

近年来，随着我国经济社会的快速发展，文化的力量和价值越来越为全社会所广泛认知，文化遗产的保护与利用给国家和地区发展带来的推动作用日益凸显。实践证明，文化遗产保护理论与实践只有与时俱进、不断创新，才能顺应时代要求，才能保持文化遗产事业发展的蓬勃生机和旺盛活力，才能引领文化遗产事业在文化城市建设中和在和谐社会发展中作出更大的贡献。为此，文化文物部门紧紧把握历史机遇，在国家发展大局中找准定位，积极承担社会责任，在融入经济社会、促进自身发展等方面，进行了一系列理论创新和实践探索。对此，我也有一些关于进一步做好相关工作的体会和建议。

（一）坚持不懈地抓好四项基础工作

2002 年 12 月，全国文物工作会议在北京召开，提出了世纪之初的工作方针和基本思路，强调深入贯彻执行《文物保护法》，坚

持“保护为主、抢救第一、合理利用、加强管理”的文物工作方针。随后召开的全国文物局长会议，将文物法制建设、摸清文物家底、文物人才培养、文物安全保障确定为文物系统重点抓好的四项基础工作。10年来，经过全国文物系统的共同努力，四项基础工作都有了长足的进步和发展。但是，必须清醒地认识到，这四项基础工作都不可能一蹴而就，必须不断结合新的形势加以完善，作为能力建设的重要举措，经过长期地坚持和不懈地努力，为文化遗产事业的健康和持续发展奠定牢固的基础。

在文物法制建设方面。近10年来，在国家层面先后公布了《文物保护法实施条例》《长城保护条例》《历史文化名城名镇名村保护条例》；在国家部委层面，先后公布了近40项相关部门规章；在地方层面，先后公布了400多项地方性法规，初步建立起具有中国特色的文物保护法规体系。但是，现有的法律法规体系并不完善，特别是专项法规缺失较多。建议进一步加快立法进程。依法行政的前提是完善立法，法律和法规具有规范性、权威性、稳定性和科学性等特点，是法制建设的基础。只有健全法制、依法办事，才能更加广泛、深入地动员社会各界参与文化遗产保护，并保证国家文化遗产保护政策的连续性和稳定性。

在摸清文物家底方面。文物普查是富于创造性的保护行动，是文化遗产发现、认识、保护和发展的基石。自2007年4月启动的第三次全国文物普查工作，按照国务院统一部署，全国文物系统高度重视、密切配合，经过近5年的艰苦努力，已经按时全面地完成了各阶段的工作目标和任务。可移动文物与不可移动文物构成我国文物资源的整体，目前正在为抓紧开展全国国有可移动文物普查作组织上和技术上的积极准备，并在不同系统和地区开展试点。建议再次通过全国文物普查，全面掌握国有可移动文物的数量分布、保存现状、环境状况等基本情况，为科学制定文化遗产保护政策和发展规划提供依据。

在文物人才培养方面。人才培养直接关系到文化遗产保护的未来。近年来，面对文物事业发展需求，文物部门与高等院校、科研机构通力协作，持续开展文物博物馆人才教育培训，培养造就了大批具有较高素质和蓬勃创新精神的各类人才。但是应该看到，目前文物博物馆队伍中，具有大学本科以上学历的仅占27%，具有高级专业技术职称的仅占7.1%，学历结构、知识结构均与快速发展的文化遗产事业不相适应。为此，建议继续加大文物保护人才培养力度，一如既往地把教育培训作为一项事关事业发展大局的基础性工作抓紧抓实，努力建立起更加开放、更具活力、更有实效的文物博物馆人才教育培训体系和长效机制。

在文物安全保障方面。文物安全是文化遗产事业的“生命线”，是文化遗产保护的基本出发点。尽管近年来，文物安全防范得到不断加强，打击文物犯罪取得明显成效，特别是通过公安、海关、城市建设等部门联合行动，文物犯罪发案率有所下降。但是，并不能认为已经有效遏止、克服和扭转了文化遗产安全的被动状况。当前，工程建设、环境污染、文物犯罪三大因素，仍然使祖国文化遗产频频遭受破坏和损毁，一些地方文物犯罪的大案、要案频发，文物安全形势依然严峻。为此，建议继续推动文物执法机构建设，加大重大文物违法和犯罪案件督办督察力度，探索建立文化遗产安全保障的长效机制，积极推进文化遗产安全工作。

（二）学习实践科学发展观的三点体会

（1）新的历史时期文化遗产应拥有尊严。一个民族的文化遗产，承载着这个民族的认同感和自豪感。一个国家的文化遗产，代表着这个国家悠久历史文化的“根”与“魂”。因此，维护文化遗产的尊严，就是维护民族的尊严、国家的尊严，就是守护民族和国家过去的辉煌、今天的资源、未来的希望。今天强调维护文化遗产的应有尊严，就是要依法落实各级政府的文化责任，使文化遗产得到科学保护和合理利用。例如近年来在西藏文化遗产保护、涉台文化遗产保护、晋东南早期木结构建筑修缮、南海一号沉船整体打捞工程中，在大运河、丝绸之路保护和申报世界文化遗产过程中，使文化遗产成为地区和国家的骄傲。

房山区科学发展观与文化遗产保护专题讲座

（2）文化遗产事业应融入经济社会发展。今天，应努力使文化遗产保护成为促进经济社会发展的积极力量。将文化遗产保护与当地环境改善相结合，注重对文化遗产所依存的生态环境保护；将文化遗产保护与城市产业转型相结合，促进文化旅游等相关产业的发展。例如近年来积极实施大型古代遗址保护工程，建设高句丽遗址、殷墟遗址、金沙遗址、大明宫遗址等国家考古遗址公园，使昔日“脏乱差”的考古遗址及周边环境，成为城市中最美丽的地方、最具魅力的地方，文化遗产保护的综合效益逐步彰显，成为既有利于文化遗产保护，又有利于经济社会发展的成功实践，使文化遗产成为促进城乡发展的不竭动力和宝贵财富。这组图片反映的是考古遗址在经过整体保护成为考古遗址公园以后，摆脱了昔日“脏乱差”的环境，成为城市中充满文化气息的美丽地方。例如高句丽遗址、殷墟遗址、金沙遗址、良渚遗址、秦始皇陵遗址、大明宫遗址。

（3）文化遗产保护成果应惠及广大民众。广大民众是文化遗产的创造者、使用者和守护者，是文化遗产的真正主人。广大民众的积极参与和支持，是文化遗产事业的未来和希望。应充分认识和理解广大民众对于发展经济、改善生活的热切愿望，最大限度地实现好、维护好、发展好广大民众的根本利益，让更多的民众充分享受文化遗产保护成果，参与文化遗产保护行动。正是对这一理念的坚持和实践，才使得像四川羌族碉楼和村寨抢救保护、新疆“坎儿井”文化遗产保护、安吉生态博物馆建设、“三坊七巷”社区博物馆建设等越来越多的文化遗产保护实践，受到当地民众的衷心拥护，使保护工程成为民心工程、民生工程。这两张图片反映的是在四川汶川地震之后的羌族碉楼与村寨抢救保护工程中和新疆吐鲁番地区的坎儿井维修保护工程中，都采取了组织当地民众运用传统技术和材料，参与文物保护工程的方法，既保护了文化遗产的真实性，又改善了当地民众的生活水平，还实现了传统技艺的有序传承。

如果说现阶段世界城市之间的竞争，首先是城市功能和经济地位的竞争，那么今后世界城市之间的竞争，必然是文化的竞争。综观世界闻名遐迩的文化城市，无论古代、近代还是现代，之所以能给人们留下深刻的印象，都是因为它们在立足于自身文化特色的基础上发展。是努力建设具有伟大理想的文化城市，还是滑向毫无特色的平庸城市，这一重大决策举足轻重，对未来城市的社会走向、民生质量、文化传承以及可持续发展都将意义深远。今天决策正确可以在今后数十年内面对城市化快速发展而立于不败之地，甚至可以奠定今后百年甚至更长时间城市繁荣的基础。反之，则可能因为决策失误而付出长期的甚为巨大的代价。

今天从历史中走来，未来始于足下。我们回首过去、立足现在、面向未来，以期在21世纪里能更自觉地营建美好、宜人的人类家园。在实践中人们认识到，现代城市不仅具有功能，更应该拥有文化。今天我们需要更多理想的文化城市。应该将我国城市文化建设和文化遗产保护的发展，放到历史的长河中和全球化的宏阔背景中，有一个更高的定位，为中华民族文化复兴注入城市文化的时代活力。城市化进程不应仅仅是数量的增长，更应该是质量的提升。为此，我们必须采取更加积极的方针，更加科学的方式，更加有效的方法，努力建设文化城市和保护文化遗产。21世纪的成功城市，必将是文化城市！

欢迎委员长、各位副委员长、秘书长、各位委员到故宫博物院视察！

在“故宫博物院合同法讲座”上的讲话

（2012 年 8 月 2 日）

来到故宫博物院工作，读了郑欣淼院长的著作，走访了一些老同志，让我感受最深的是，作为一名故宫人，就要时时刻刻把故宫的安全、故宫博物院的名誉放在第一位，把故宫博物院作为文化单位的社会效益放在第一位。而要保证这些得以实现，最有力的武器就是法律。因为法律既是我们的基本行为规范，也是实现故宫文化安全的法宝，更是维护故宫博物院名誉的有力保障。

故宫博物院合同法讲座

几天前，国务委员刘延东同志到故宫博物院调研，并召开了现场办公会。刘延东国务委员指出，“故宫建筑群和丰富的文物藏品，具有极高的历史、艺术价值，在文博领域地位独特、不可替代。所以，怎么更好地发挥故宫博物院的优势，通过开拓创新来把各项工作做好，来维护、弘扬和光大故宫博物院这样一个品牌，对于我国建设文化遗产强国、文化强国意义非常重大，影响十分深远。”如何维护故宫博物院的独特优势和品牌，刘延东同志希望故宫博物院“要做到‘四个一流’：人才队伍一流、管理手段一流、技术手段一流、设施设备一流，这样才能达到成为世界一流博物馆这个目标”。

昨天早上我们又收到了温家宝总理、李克强副总理等国务院领导关于故宫博物院保护、管理和发展的重要批示。今天下午院长办公会议将认真学习国务院领导的重要指示，研究贯彻落实意见，院办公室正在对国务院领导的一系列重要指示进行任务分解，今天下班之前将征求各部处的意见，下星期三我们将召开大会，深入学习国务院领导的一系列重要指示，并进行“故宫平安工程”的动员。此时此刻，我强烈地感受到，故宫博物院将面临发展的重大机遇，我们的能力建设也将面临重大挑战。因此，今天的讲座非常及时，法律武器将是我们自信地面对未来的有力支撑。

此次合同法讲座着力点相当明确，就是要从我们的日常工作出发，从关系故宫博物院的切身利益出发，从防范法律风险出发。栾文静老师十分“文静”地、深入浅出地给我们讲了一些非常重要，也非常实用的合同法知识。例如单霁翔院长只是“法人代表”，而不是“法人”。例如为什么会出现“天价粽子”等。我们不但知道了“合同的4个基本原则”，而且了解了故宫博物院合同的4个特点。通过此次培训，能够使我们的法律意识，特别是合同法意识有一个明显地提高。同时我认为，此次合同法培训也是一个新开始，一个法治理念在全院得以继续贯彻的开始，一个依法治院在各部门、各层级得以重视的开始，一个提升故宫博物院综合管理能力的开始。

在计划经济时代，故宫博物院作为事业单位，行政工作方面主要偏重于行政管理，对法律事务基本没有涉及。改革开放以来，我国市场经济迅速建立和发展，法律事务也越来越多地出现在社会各个方面。与此相对应，随着故宫博物院事业的迅速发展，法律事务也越来越多地出现在故宫的日常工作中。在市场经济的大环境下，故宫博物院作为独立事业单位法人，对外广泛开展多层级、多领域合作，在经济领域、民事领域、知识产权领域、涉外领域等均产生了大量的法律事务，承担我院具体法律工作的法律处的工作越来越繁忙，责任也越来越大。我每天审批的公文中，大约 80% 都是各类合同。正像刚才栾文静老师所归纳的，这些合同不但数量多、类别多，而且金额大、专业性强。

法律是用来理顺关系、规范各项工作流程的基本行为准则。正如俗话所说：无规矩不成方圆，规矩即表现为各种法律、法规，是我们必须遵守的，用来规范我们行为的规则、条文，它不仅能确保良好的运行秩序，更是各项管理事业成功的基础保证。可以说，系统、健全、运行良好的法律、法规能为我们各项管理活动和业务活动的合法、合理、合规提供行为依据和制度保障。从总体来看，故宫博物院法律工作一直平稳、高效、有序地开展，在取得相当可喜成绩的同时，也因部分领导不重视法律工作，探索市场经济经营发展模式缺乏经验，对无形资产的重要性和保护意义认识不足，无形资产对外授权缺乏统一管理以及法律意识和合同审核意识未适应故宫博物院事业发展等原因，存在一些亟待解决的问题和困难。这些问题和困难既是我们目前工作面临的挑战，也是提升我院综合管理能力和增强预防法律风险能力的机遇。

借此机会，我也想对各部处的工作提两点希望和要求

第一，有法可依、有法必依是预防我院法律风险的关键所在，全院各级领导、各部门应进一步增强法律意识，并逐步转化并落实为各部门的内部管理制度。目前，故宫博物院按法律、法规、院内规章制度及合同程序办事已经形成了很好的模式。在未来的工作中，故宫博物院各部处应依法加强和完善各部门的工作流程、部门的制度建设，进一步将法律、法规等各项强制性规范逐步转化为各部门的内部规章制度，形成依法、依制度管权、管人、管事的长效机制，防范权力越轨运行。

第二，法律制度不执行，再好也没有用。有法可依和有法必依是一项系统工程，既离不开管理者，也离不开被管理者。对于故宫博物院各级领导和全体职工的法律意识提升与强调依法办事是不可分割的，且更应注重各项法律制度体系下人的法律意识的提升。在我院以后的人员培训、管理的过程中应继续强化有法可依和有法必依的意识，让每个故宫人能在合法的基础上真正做到典守珍护、弘扬服务、敬业奉献、开放创新、奋发和谐。只有进一步增强法律意识，严格落实有法可依、有法必依，才能够保证我们各项工作按规行事，避免工作中各种违法事件的产生，减小损失。

在此，希望与诸位同人共勉，继续为依法保护故宫的安全，依法维护故宫博物院的名誉，依法为故宫博物院谋求作为文化单位的社会效益作出自己更大的贡献。

在“博物馆与法律学术研讨会”上的讲话

（2012年11月7日）

由故宫博物院主办的“博物馆与法律学术研讨会”今天开幕了，这次研讨会的主题是博物馆的无形资产问题。随着我国法制建设的不断加强和发展，故宫博物院在日常工作中不断遇到各种法律问题，其中经常遇到的问题就包括了无形资产使用、侵权等，相信其他博物馆也同样会遇到类似问题，这些问题的存在已直接影响到博物馆工作的开展和事业的可持续发展，我们应予以重视，并加以解决相关问题。

博物馆的无形资产内容宽泛，不仅包括著作权、商标权、专利权、名称权，还包括专有技术权、特许开发权、非物质文化遗产、商业信誉等，它是博物馆拥有或根据法律法规及国家有关规定受托管理的，不具有实物形态而能为使用者提供某种权利或带来收益的资产，它与有形资产一样，都是博物馆文化资产的重要组成部分。

长期以来，博物馆对无形资产的重视是不够的，因为相对博物馆的文物建筑、文物藏品等有形资产而言，无形资产既看不见也摸不着，因此往往认为对无形资产的侵害不会给博物馆带来直接损失。但是改革开放以来，我国市场经济迅速建立和发展，无形资产越来越受到人们的重视，无形资产同样可以为使用者带来某种效益，有时甚至是较大的经济利益。例如近年来社会上一些单位和个人以博物馆名称、遗址、建筑名称注册了商标，开发了以博物馆藏品为主题的文化复制、仿制产品，使用博物馆名称进行产品宣传、销售等，这些活动对博物馆无形资产使用都产生了一定程度的影响。

在准备今天的发言时，我学到了一个新的词汇，即攀附性广告，是属于商业广告的一种，也是较特殊的广告，性质为经营者宣传、销售其产品或服务，宣传自己的产品或服务，在整体上与某一知名、著名品牌一致或相当，以此方法吸引消费者注意，利用被攀附者在消费者心中的良好信誉、声誉、名誉，让消费者对其产品或服务产生联想或印象，提高其竞争力，达到让消费者购买产品、接受服务的目的。我晚上经常熬夜读书，有时累了就打开电视看几分钟，休息一下。但是经常看到的是又长又无聊的广告，昨天的一则电视广告就涉及故宫的无形资产，属于攀附性广告，内容是有关企业研发了一种椅子造型的纯金产品，起名叫“龙椅”，其广告的“卖点”主要是两个，一个是设计者是国家工艺美术大师和非物质遗产传承人，另一个是故宫的文化形象，反复播放太和殿内陈设的镜头，颇具蛊惑性。

今天，博物馆也远离不了市场经济的大潮，注册博物馆商标、申请博物馆专利、特许企业研发以博物馆相关元素为主题的文化产品，一些博物馆在职、退休专家也被社会企业请去代言、宣传文化产品，这些活动既有成功的范例，更有产生不良后果和影响的教训，给博物馆名誉、荣誉带来无形损失。面对不良后果，博物馆要用法律武器维护自身合法权益，但有时也会面临法律规定不甚明确、条文过于简单和笼统等问题的困扰，给博物馆合法维权造成困难和障碍。

近年来，随着我国文化领域经营性活动的不断开展，涉嫌侵害故宫博物院商标、名称等权益的违法事件时有发生。例如目前针对故宫博物院的商标权的侵权行为，主要表现为抢注与故宫博物院商标相同的商标、注册与故宫博物院商标文字类似或与故宫博物院商标字音相同的商标。针对故宫博物院名称权的侵权行为，主要表现为在媒体广告中，特别是文化产品营销广告中，未经故宫博物院许可擅自使用“故宫博物院”的名称，为其产品进行夸大式和具误导性宣传销售。

目前，在媒体广告中经常出现故宫博物院的名称，故宫博物院法律处经过分析情况主要分为四种：一是确属故宫博物院参与的文化产品研发活动，例如故宫博物院监制的文化产品在销售过程中，在媒体广告上如实刊登“故宫博物院监制”的内容；二是故宫博物院未参与文化产品研发，但故宫博物院专家以个人名义参与活动，在媒体广告宣传中出现“故宫博物院专家 ×××”的内容；三是媒体广告宣传中出现“故宫博物院专家”或“故宫博物院专家团队”的内容，但故宫博物院专家是否参与不清楚；四是故宫博物院或故宫博物院专家个人均未参与，文化产品开发方冒用故宫博物院名义进行广告宣传。其中，第一种情况不构成对故宫博物院权益的侵害；第二种情况是否构成侵权有待进一步核实；第三种情况一时无法判断真伪，不能确定是否侵权，第四种情况确系侵害故宫博物院合法权益。

此前，故宫博物院对此类行为并无相应和针对的监测手段，通常是随机发现一起、查处一起。为了更加积极全面地防范、处理此类侵权行为的发生，及时发现并制止已发生的涉嫌侵权的行为，目前故宫博物院法律处开始探索新的维权监测措施和办法。例如在发现针对故宫博物院的侵权行为时，法律处主要采取协商、函告、通报、向工商局举报、以故宫博物院名义对外发布公告或声明、积极调查取证以备侵权之诉等方式。所发现的多数侵权行为，均在法律处向对方发送公函要求停止侵权之后达到对方停止侵权的效果。总之，故宫博物院的维权监测工作在有关部门的指导下，已经初步建立了较为系统的工作机制。今后，将继续探索更加完善、更加符合故宫博物院实际需求的监测工作方式，力争在维护故宫博物院合法权益和保护国家文化安全方面作出新的成绩。

博物馆界与法律界是两个不同的领域，过去进行学术交流的机会较少，遇到涉及博物馆无形资产的问题，我们博物馆同人有时不知该怎么办，法律界对博物馆的无形资产问题，因种种原因关注也较少。今天故宫博物院举办学术研讨会，这也是故宫博物院首次召开博物馆法律学术研讨会，与会的人员既有博物馆界代表，也有法院、高等院校及社会科学院从事无形资产审判、研究的专家、学者。我们希望利用此次契机搭建博物馆界与法律界进行学术交流的平台，共同探讨博物馆无形资产问题，通过与会专家、学者的研究、讨论，形成共识，提供解决问题的思路和方法，为今后博物馆合法利用无形资产、维护自身合法权益奠定基础，进一步提高博物馆的管理水平及法律工作水平，增强法律工作为博物馆事业发展保驾护航的能力。

法律是用来理顺关系、规范各项工作流程的基本行为准则，系统、健全、运行良好的法律法规能为我们博物馆各项管理活动和业务活动合法、合理、合规开展提供行为依据和制度保障。博物馆在工作中遇到的问题，许多时候需要运用法律手段来处理、解决。希望今天的研讨会能开一个好头，针对博物馆遇到的不同法律问题，开展专门研讨，达到相互交流、取长补短、共同提高的目的。

同时，也希望在故宫博物院从事各项工作的同事，特别是法律部门及从事无形资产开发、管理部门的同事，认真学习国家有关法律法规，合法使用或授权第三方使用故宫博物院无形资产，多向兄弟博物馆学习，多向法律界专家学者请教，并特别注意对国外发达国家和地区博物馆的先进经验进行借鉴，继续坚持已有的工作宗旨、工作思路和工作方法，努力学习，改进不足，在迅速发展的故宫博物院文化遗产保护和博物馆事业中，不断作出自己的贡献！

最后，我想用东城法院才雪冬老师在“闲谈故宫的权利困惑”一文中的一句话结束我的发言，“故宫是全民的故宫，不是‘故宫’的故宫，也不是某些人的故宫。它承载着我们这个民族很多传统的东西，失之即无法再来。因此，笔者建议大家不妨从爱护传统的角度出发，为故宫的权利困惑出出主意，开些‘药方’，为故宫更好地传承传统文化，保护和利用已经成为全人类文化遗产的珍宝提供些帮助。”

在中国文物学会纪念《文物保护法》颁布30周年座谈会上的讲话

（2012年12月13日）

1982年11月19日，全国人大常委会通过了《中华人民共和国文物保护法》，这是我国文化事业的第一部法律，为文物保护提供了法律依据，开启了文物工作走向法制的新时期。2002年10月28日，全国人大常委会修订了《文物保护法》，确立了“保护为主、抢救第一、合理利用、加强管理”的文物工作方针，使文物保护法律得到进一步健全完善。回顾30年来《文物保护法》的制定、修订和实施的过程，体现出依法治国的基本方略在文物工作中得到贯彻落实，也体现出文物保护工作在法制化轨道上不断前进。

我国是世界文明古国，也是文物大国。我们祖先留下的文化遗产博大精深、一脉相承、连绵不绝。保护好、传承好文化遗产，是我们的历史责任。《文物保护法》颁布实施30周年和修订10周年以来，文化事业伴随着经济社会的发展快速发展，取得令人瞩目的成绩。2005年12月，《国务院关于加强文化遗产保护的通知》发布，明确提出了现阶段我国文化遗产保护的指导思想和总体目标。

我们作为30年来、特别是近10年来，贯彻落实《文物保护法》、推动文化遗产事业发展的亲历者和实践者，深深为文物事业的不断发展进步而感到振奋和鼓舞。

30年来，文物保护法制体系正在形成。自《文物保护法》修订以来，国务院制定了《文物保护法实施条例》《长城保护条例》《历史文化名城名镇名村保护条例》等行政法规，文化部、国家文物局等部门出台了《博物馆管理办法》等51项部门规章和规范性文件，各地制定修订近百项文物保护的地方性法规和政府规章，基本形成了中国特色文物保护法律制度体系。

30年来，文物法制普及取得明显成效。一方面文物系统在内部加强法制教育培训，提高依法保护文物的能力；另一方面充分利用“文化遗产日”“国际博物馆日”和第三次全国文物普查等，大张旗鼓开展普法教育。社会媒体大力宣传文物保护法规、打击文物违法犯罪的行为，有效地增强了全社会依法保护文物的意识。

30年来，文物执法体制机制逐步完善。文物行政部门执法体制不断健全，严肃查处文物违法案件，联合有关部门开展打击文物犯罪专项行动，有效遏制文物犯罪案件高发的势头。建立文物保护部际联席会议制度，提升文物保护立法水平和综合执法能力。

30年来，文物“家底”逐步廓清。国务院开展第三次全国文物普查，调查登记不可移动文物766 722处。长城资源调查全面完成，大运河遗产资源调查成果丰硕，水下文物调查进展顺利，馆藏珍贵文物数据采集如期完成，第一次全国可移动文物普查工作已经启动。这些，都为科学有效地保护文化遗产奠定良好的基础。

30年来，文物保护取得丰硕成果。第一至五批全国重点文物保护单位险情基本排除，第六批全国重点文物保护单位的抢救保护工程正在实施。西藏文物保护工程、山西南部早期建筑文物保护工程、涉台文物保护工程、长城保护工程、避暑山庄保护工程、四川抗震救灾文物保护工程、水下文物保护工程等一批重大文物保护工程项目有效实施并取得成果，使珍贵的文化遗产得到有效的保护和传承。

30年来，文物保护科技支撑引领作用日益增强。“指南针计划”“中华文明探源工程”等重大科技工程取得丰硕成果。科技成果在文物保护、博物馆展示服务和田野文物安全防范等领域得到推广应用。特别是建造水下考古工作船已经启动，将有效提高我国水下考古的科技含量。文化遗产保护科技创新体系和标准体系正在形成。

30年来，文物工作服务社会、促进发展、惠及民生的作用日益凸显。文物部门积极做好三峡水库、南水北调、西气东输等国家重点工程中的文物保护工作，实现基本建设与文物保护相得益彰。博物馆全面实施免费开放，切实保障了人民的基本文化权益。国家考古遗址公园建设使文化遗产保护和城市建设相互促进，广大民众充分享受到文化遗产保护的成果。

30年来，文物保护环境条件得到很大的改善。中央财政用于文物保护的专项补助经费从2002年的2.76亿元增加到2011年的98.9亿元，全国公共财政文物保护支出由“九五”期间的19.6亿元增加到“十一五”期间的572.5亿元。通过教育培训工作，文物博物馆队伍素质有所提高。宣传工作不断深化拓展，为文物事业发展营造了良好社会氛围。今年召开的全国文物工作会议，作出了建设文化遗产强国的部署，提出了新的任务和目标。

《文物保护法》颁布30年、特别是修订10周年来，文化遗产事业所走过的历程，是一个坚持与时俱进的历程，是一个与我们国家改革开放风雨同舟的历程，是一个坚持理论创新、实践进步、艰苦奋斗的历程，是一个不断推进文物保护法制化、遵循法制规则和法定程序保护文物的历程，这是我国文物保护史的光辉一页。

同时我们也应该看到，自2002年修订《文物保护法》以来，世情国情发生了很大变化,在改革不断深化、经济持续发展的过程中,文物保护工作也面临着错综复杂的新问题和新挑战,文物法制建设需要进一步加强。突出表现在以下方面。

(1)文物保护法律法规亟须进一步健全完善。30年来的文物保护实践过程中,遇到了许多新情况、新问题,亟须法律的规范。例如文物概念的内涵需要明确、外延需要完善,文物保护规划、世界文化遗产保护、大遗址保护等方面,需要法律的界定。文物安全责任需要进一步强化,处罚文物违法行为的力度需要加大,文物经费保障措施需要进一步明确,从业资格资质需要进一步明确,以适应文化遗产事业发展的需要。

(2)执法督察力度需要进一步加大。在工业化、城镇化进程中,法人违法的现象依然大量存在。一些地方政府部门和企业破坏损毁文物现象屡屡发生。打击和纠正这些违法犯罪行为,需要加强文物行政部门和执法队伍建设,不断增强依法治国的意识,增强运用法治思维和法治方式保护文物的能力和水平,切实维护法律的尊严。

(3)文物流通秩序亟须整顿和规范。目前,文物市场、民间收藏不断升温,也存在严重乱象。文物鉴定中见利忘义、虚假鉴定现象,文物拍卖中"假拍、拍假"现象,文物市场中造假、售假现象,影响非常恶劣,引起社会广泛关注。加强文物流通秩序的整顿和规范,需要法律制度的健全完善,为依法管理提供必要的法律依据。

(4)文物法制宣传工作亟须进一步加强。多年来,文物部门加强法制宣传,取得一定收效。无论是陕西宝鸡农民发现青铜器文物主动上缴国家的事迹,还是贵州黎平村民在暴雨洪流中抢救珍贵文物风雨桥的事迹,都说明广大民众中蕴藏着自觉参与依法保护文物的智慧和力量。加大文物法制宣传力度，增强全社会文物保护意识，激励更多的人力、资金和技术投入文化遗产保护，需要我们一以贯之、坚持不懈开展的工作，形成“国家保护为主、动员全社会参与”的文物保护体制机制。

中国文物学会团结着全国文物工作者和全社会积极参与支持文物保护的有识之士，肩负着依法保护文物、维护法律尊严义不容辞的责任。在纪念《文物保护法》颁布30周年、修订10周年之际，我们呼吁中国文物学会全体会员、全国文物工作者，为加强文物法制建设、坚持依法保护文物作出不懈的努力。

第一，要认真学习《文物保护法》，切实增强法制意识。深刻理解《文物保护法》所确定的“保护为主、抢救第一、合理利用、加强管理”的工作方针，进一步增强使命感和责任感，全面掌握文物保护的法律法规，尊重文物工作的规律和特点，在任何情况下都要把“保护为主”作为文物工作的首要任务，使依法保护文物的意识深入人心，成为自觉行动。

第二，要严格执行《文物保护法》，自觉依法保护文物。在工作中正确处理文物保护与经济建设、城乡基本建设的关系，特别是在城镇化的进程中，切实把保护文物本体及其原生环境，保护历史文化名城、名镇、名村、名街落到实处，彰显当地的历史文化内涵。中国文物学会各个专业委员会都要自觉依法办事，依照学会的章程，在法律规定的框架下，求真务实地开展各项工作和活动，使依法保护文物成为自觉行动。

第三，要坚决维护《文物保护法》，坚决抵制违法行为。充分发挥专家学者的智慧和力量，积极为完善文物保护法律法规体系建言献策，提供咨询，对违法损毁破坏文物现象勇于揭露批评，大力支持文物执法督查工作，为确保文物安全作出应有的贡献。

第四，要大力宣传《文物保护法》，形成良好舆论环境。充分发挥社会组织贴近社会、联系民众的优势，面向社会各界宣传《文物保护法》，增强全社会依法保护文化遗产的理念，注重总结宣传广大民众保护文物的典型事例，努力营造“文化遗产人人保护、保护成果人人共享”的良好氛围。

关于完善我国文物行政管理机构的提案[1]

（2014年11月7日）

随着我国经济社会的快速发展，文物保护工作越来越受到全社会的关注和支持，各级政府用于文物保护的经费投入大幅增加，文物事业在国家发展大局中的地位和作用日益凸显。当前，文物事业既面临难得的发展机遇，也面临诸多紧迫问题。

近年来，文物保护工作的形势发生了深刻变化。

（1）文物总量大幅增加，保护任务日趋繁重，管理要求更加严格。经过第三次全国文物普查，我国不可移动文物数量从20世纪80年代的20余万处增加至76.7万处，几乎翻了2番；世界文化遗产、国家历史文化名城从无到有，快速增长。其中，世界遗产总数达到43项，位居世界第二；国家历史文化名城总数达到119座；全国重点文物保护单位从改革开放前的180处增加到2 352处，增加了10多倍；第七批全国重点文物保护单位核定公布后，全国重点文物保护单位总数达到4 295处；全国博物馆馆藏文物年均增长150万件（套），数量达到3 018.5万件（套）。

（2）我国人均收入超过5000美元后，社会公众文化需求呈现爆发式增长，广大民众对文物博物馆单位提供文化产品、提高展示开放和社会服务质量的要求日益迫切。全国博物馆总数从改革开放

[1] 此文为在全国政协十二届二次会议上的提案

之初的 349 座发展到 3589 座，其中文物系统 2650 座。全国免费开放博物馆达到 1900 余家，每年接待观众由免费开放前的 1.5 亿人次增加到目前的 5.2 亿人次。文物拍卖企业从无到有，达到 342 家，文物收藏爱好者逾千万。

（3）文物保护经费投入大幅增加，人才需求与管理任务持续加大。全国公共财政文物支出由 2002 年的 26.99 亿元增加到 2011 年的 197.7 亿元；中央财政文物保护专项资金由 2002 年的 5.63 亿元增加到 2011 年的 98.9 亿元，增长近 17 倍。文物保护工程项目、科技保护项目、博物馆陈列展览、经费预算管理等各类专业人才需求急剧增长。

（4）文物安全形势依然严峻，文物行政执法任务艰巨。第三次全国文物普查结果显示，由于人为破坏和自然损毁原因，22 年间我国约有 4.4 万处登记不可移动文物消失，年均消失约 2 000 处。2009 年至 2011 年，全国每年由国家文物局直接督办的各类行政违法案件达 80 余起，由公安部门立案的各类文物犯罪案件达 1 200 余起。

面对日益艰巨和繁重的文物保护任务和社会需求，需要及时健全文物保护机构，提高管理水平，才能使文物保护事业获得可持续发展。但是，目前文物行政管理机构建设存在一些突出问题。

（1）省、市、县文物行政部门普遍不健全，《文物保护法》所规定的县级以上地方政府文物行政部门负责辖区文物保护管理的责任得不到落实。全国 31 个省、自治区、直辖市均有文物局的名称和牌子，但是行政职责、机构性质、人员编制差异很大。除北京、陕西、山西、山东及河南、河北、湖北等少数省级文物局设立了相应级别的文物行政部门履行文物保护管理行政职能外，全国 70% 以上的省级文物行政部门管理层级不规范，或行政职责不明晰，或内设机构不健全，其中内蒙古、辽宁等 13 个省级文物局为县处级，只是在文化广播新闻出版厅局上加挂了文物局的牌子，远远不能适应文物保护管理工作的需要。同时，除西安、杭州等极少数城市外，成都、广州、武汉、沈阳等其他被列为国家历史文化名城、文物资源特别丰富的副省级城市、省会城市均未设立相应级别的文物行政部门。全国 75% 的市、县级政府未设立文物行政管理机构。

（2）文物行政部门人员编制严重不足，与法律赋予的繁重而艰巨的行政职责极不对等。全国 31 个省级文物局中，21 个为行政单位，10 个为事业单位参公管理。内设机构 4 个以下的 14 个；人员编制 10 人以下的 9 个、5 人以下的 3 个，大多数省级文物行政部门编制异常紧缺，连最基本的日常工作都难以为继。全国 45% 以上的市、县无文物行政编制，一些省份的县级政府没有设立文物行政部门，甚至一些文物资源十分丰富的市、县也未安排文物行政编制。

为此建议：各级政府及机构编制管理部门针对当前文物工作面临的新形势、新任务以及文物行政部门机构编制不健全、不规范等突出问题，就规范省级、加强地级、完善县级文物行政机构建设，组织深入调研，采取有效措施，切实加强地方各级文物行政机构建设。